粮食主产区农户技术采用及其效应研究

——以安徽省水稻可持续生产技术为例

李 想 著

中国财经出版传媒集团
经济科学出版社
Economic Science Press

图书在版编目（CIP）数据

粮食主产区农户技术采用及其效应研究：以安徽省水稻可持续生产技术为例/李想著．—北京：经济科学出版社，2018.4
ISBN 978-7-5141-9250-6

Ⅰ.①粮… Ⅱ.①李… Ⅲ.①农业技术-可持续农业-技术经济分析-中国 Ⅳ.①F323.3

中国版本图书馆 CIP 数据核字（2018）第 084224 号

责任编辑：黄双蓉
责任校对：靳玉环
责任印制：邱　天

粮食主产区农户技术采用及其效应研究
——以安徽省水稻可持续生产技术为例
李　想　著
经济科学出版社出版、发行　新华书店经销
社址：北京市海淀区阜成路甲 28 号　邮编：100142
总编部电话：010-88191217　发行部电话：010-88191522
网址：www.esp.com.cn
电子邮件：esp@esp.com.cn
天猫网店：经济科学出版社旗舰店
网址：http://jjkxcbs.tmall.com
固安华明印业有限公司印装
787×1092　16 开　9.5 印张　200000 字
2018 年 4 月第 1 版　2018 年 4 月第 1 次印刷
ISBN 978-7-5141-9250-6　定价：39.00 元
（图书出现印装问题，本社负责调换。电话：010-88191510）
（版权所有　侵权必究　举报电话：010-88191586
电子邮箱：dbts@esp.com.cn）

前　言

改革开放以来，中国农业农村发展取得举世瞩目的成就，尤其是21世纪以来的粮食生产，已经连续十年实现增产。随着工业化、城镇化的快速发展、人口增加与人民生活水平的提高，粮食消费需求将呈刚性增长，而资源与环境约束对粮食生产的影响日益突出，传统的农业生产方式难以为继，只有依靠农业科技进步，强化农业技术推广应用才能加快转变农业发展方式，实现农业可持续发展。为此，2014年中央"一号文件"提出了建立农业可持续发展长效机制，促进生态友好型农业发展的总体战略，为未来中国农业指明了发展方向。

中国农业技术创新成果转化不足、农技推广能力落后于农户需要，使得农户技术采用与扩散存在着有效供给与有效需求严重脱节的情况。农户作为农业生产的微观主体，是农业科技传播的主要对象，也是农业技术的应用者，科技成果只有被农民接受和消化并且应用于农业生产过程，才能转化为现实的生产力。因此，研究粮食主产区农户技术采用对于政府合理地引导、调整和规范农户行为，促使农户生产方式向可持续发展转变，进而实现中国农业可持续发展有重要的理论与现实意义。

本书基于农户行为理论、技术扩散理论相关理论，以粮食主产区的安徽省水稻种植农户采用可持续生产技术为研究对象，通过实地调研获取农户数据，综合运用联立Probit模型、结构方程模型、倾向得分匹配方法等多种实证方法，在分析农户技术采用经济机理的基础上，构建基于过程的"从采用行为到持久采用意向"的农户技术采用研究框架，深入探讨农户可持续生产技术采用及其影响因素，并对农户可持续生产技术的持久采用意向进行理论与实证分析，进而考量多种可持续生产技术的采用效应，最后提出政策建议。主要研究结论概括如下：

（1）通过对比分析个体采纳过程模型，提出基于过程的"从采用行为到持久采用意向"的农户技术采用研究框架，采用农业技术首先需要农户做出是否采用此类技术的决策，采用后进入农户技术持久采用阶段，这一阶段为农户技术实际采用过程中是否相对满意，进而愿意持续采用。

（2）通过对农户可持续生产技术采用行为的实证分析发现：水稻种植农户采用五种可持续生产技术决策相互依赖，存在互补关系，秸秆还田技术与测土配方施肥技术、免耕栽培技术存在互补效应；病虫害综合防治与测土配方施肥技术存在互补效应。影响农户采用不同可持续生产技术的因素具有异质性，主要受到村干部、文化程度、户主年龄、务农劳动力数量、种植规模、农技人员指导、政府推广、参加培训、与市场距离、农户环境影响认知等因素的影响。

（3）对农户可持续生产技术的持久采用意向进行分析发现：技术感知有用性与采用满意度对技术持续采用意向有显著正向影响。农户技术采用评价中相对优势、所需劳动量、简易程度三个维度通过对技术感知有用性与采用满意度的显著正向影响，从而对技术持续采用意向产生正向作用。稳定性与相容性两个维度通过对技术采用满意度的显著正向影响，从而对技术持续采用意向产生正向作用。技术稳定性与相容性对感知有用性的正向作用没有通过显著性检验。

（4）采用可持续生产技术对农户技术效率有显著影响，其影响的平均处理效应均值为 0.057。

在本书出版之际，衷心感谢对本书顺利出版给予大量支持和帮助的安徽财经大学和经济科学出版社。

安徽财经大学　李想
2017 年 12 月

目　录
CONTENTS

第 1 章　导论 / 1

1.1　选题背景 ……………………………………………………………… 1
1.2　研究目的及意义 ……………………………………………………… 4
1.3　相关概念 ……………………………………………………………… 5
1.4　研究内容和研究方法 ………………………………………………… 7
1.5　可能的创新之处 ……………………………………………………… 10

第 2 章　理论基础与文献综述 / 12

2.1　理论基础 ……………………………………………………………… 12
2.2　农户技术采用及其效应的相关文献综述 …………………………… 17
2.3　本章小结 ……………………………………………………………… 26

第 3 章　中国农业技术进步作用及其测定分析 / 27

3.1　技术进步推动农业发展方式转变 …………………………………… 27
3.2　中国农业技术进步现状分析 ………………………………………… 30
3.3　本章小结 ……………………………………………………………… 39

第 4 章　农户技术采用的经济机理与过程划分 / 40

4.1　农户——农业发展方式转变主体的技术采用 ……………………… 40
4.2　农户技术采用的经济机理分析 ……………………………………… 41
4.3　农户技术采用的过程划分：从采用行为到持久采用意向 ………… 47
4.4　本章小结 ……………………………………………………………… 52

第 5 章　中国水稻生产技术采用状况与调研选择 / 53

5.1　中国水稻生产技术采用状况 ············· 53
5.2　安徽省水稻生产现状 ················ 56
5.3　安徽省水稻生产技术采用的调研分析 ········· 59
5.4　本章小结 ···················· 68

第 6 章　农户可持续生产技术采用行为分析 / 70

6.1　农户对传统高产技术环境影响的认知 ········· 70
6.2　农户可持续生产技术采用行为的实证分析 ······· 77
6.3　本章小结 ···················· 87

第 7 章　农户可持续生产技术的持久采用意向分析 / 88

7.1　研究假说与研究方法 ················ 89
7.2　样本说明与量表设计 ················ 94
7.3　实证结果分析 ·················· 95
7.4　本章小结 ···················· 103

第 8 章　农户可持续生产技术采用的效应分析 / 104

8.1　农户可持续生产技术采用对水稻生产技术效率的影响 ··· 105
8.2　农户可持续生产技术采用的效应分析 ········· 112
8.3　本章小结 ···················· 122

第 9 章　研究结论与政策建议 / 124

9.1　主要研究结论 ·················· 124
9.2　政策建议 ···················· 127

参考文献 ······················ 132

第 1 章

导　论

1.1　选题背景

粮食安全始终是关系我国国民经济发展、社会稳定和国家自立的全局性重大战略问题。改革开放以来，我国农业农村发展取得举世瞩目的成就，尤其是 21 世纪以来的粮食生产，从 2003 年的 43070 万吨增长至 2013 年的 60194 万吨，连续十年实现了增产（见图 1-1），中国以世界 9% 的耕地、6% 的淡水资源，实现粮食自给率基本稳定在 90% 左右，解决了 13 亿人口粮食问题，农业

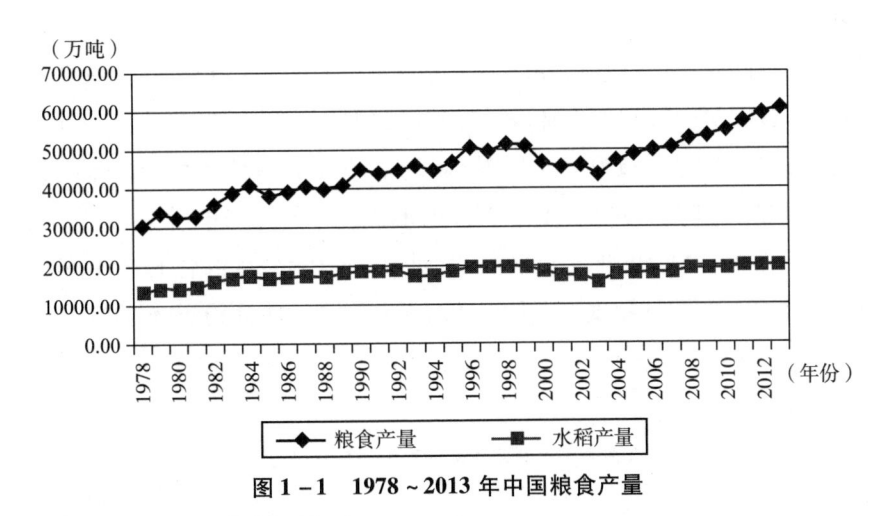

图 1-1　1978~2013 年中国粮食产量

资料来源：历年《中国统计年鉴》。

科技进步在其中发挥了关键性的支撑作用。然而，工业化、城镇化的快速发展、人口增加与人民生活水平提高导致粮食消费需求将呈刚性增长，加之资源环境约束日益突出，中国粮食供需将长期处于紧平衡状态，保障粮食安全面临严峻挑战。要实现国家粮食安全中长期规划纲要（2008~2020年）中提出的"到2020年粮食综合生产能力达到5400亿千克以上、粮食单产提高到350千克/亩、粮食自给率稳定在95%以上"这一战略目标，唯有依靠农业科技进步，强化农业技术推广应用。

近年来，国家不断加大农业科技投入，农业科技进步速度加快，农业科技贡献率以年均1%的速度增长，2013年我国农业科技进步贡献率达到55.2%[1]，超过了土地、劳动力与物质要素投入的贡献份额，农业科技创新是实现粮食持续稳定增产的根本途径（万宝瑞，2012）。但是与发达国家相比，中国农业发展水平仍有非常大的差距。发达国家的农业科技贡献率一般维持在70%~80%，德、英、法等国家超过了90%，中国农业科技贡献率还有20%左右的提升空间[2]。而相比发达国家65%~85%的农业科技成果转化率，中国更是处于30%~40%的较低水平。正是意识到了此问题，自2004年开始，中央每年"一号文件"都锁定农业、农村与农民问题，强调稳定粮食生产，保障粮食安全。对于农业科技更是将其置于突出位置，并于2012年将农业科技创新作为"一号文件"主题，从而把农业科技摆上更加突出的位置，期望通过推动农业科技跨越发展，为农业增产、农民增收、农村繁荣注入强劲动力。

伴随着中国农业持续较快发展，资源环境的承载力已至极限，农业生产中化学投入品过度消耗导致的农业环境污染已经到了非治不可的地步。以主要化学投入品农用化肥与农药为例（见图1-2），农作物单位播种面积化肥施用量与农药使用量分别从1990年的174.59千克/公顷、4.94千克/公顷增长到357.3千克/公顷、11.05千克/公顷，远远高于国际公认的化肥施用安全上限225千克/公顷与农药施用安全上限7.5千克/公顷，并且约50%的农药进入土壤与水体，每年约有50万吨农膜残留于土壤中，残膜率达40%（赵其国等，

---

[1] 新华网：《科技部：我国农业科技进步贡献率达55.2%》，http：//news.xinhuanet.com/politics/2014-01/09/c_118905129.htm。

[2] 求是理论网：《科技进步贡献率：支撑发展的刻度尺》，http：//www.qstheory.cn/kj/kjdt/201203/t20120313_144970.htm。

2011)。加快转变农业发展方式,实现农业可持续发展成为中国经济社会发展中一项紧迫而又艰巨的任务。

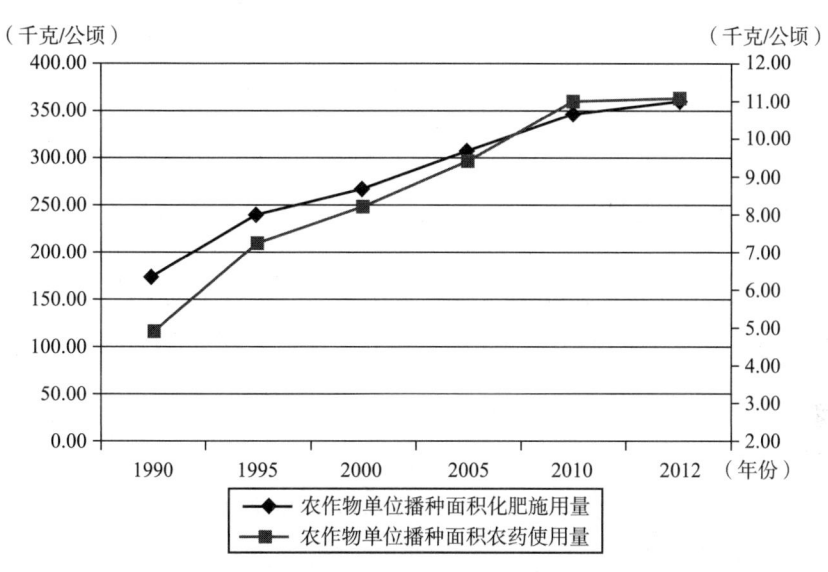

图 1-2 农作物单位面积化肥、农药施用情况

资料来源:历年《中国统计年鉴》。

中国农业技术创新成果转化不足、农技推广能力落后于农民需要,使得农户技术采用与扩散存在着有效供给与有效需求严重脱节。农户作为农业生产和经营的主体,是农业科技传播的主要对象,也是农业技术的应用者,科技成果只有被农民接受和消化并且应用于农业生产过程,才能转化为现实的生产力(廖西元等,2004)。农户技术选择直接决定农业生产对环境的影响,其过量使用化学投入,不当处置畜禽粪便,是造成环境污染的主要原因(韩洪云、杨增旭,2010)。通过农户对测土配方、秸秆还田、病虫害综合防治等先进生产技术的采用,能够有效减少资源浪费与环境污染、解决滥施化肥农药造成的生态恶化、农产品有害物质超标等问题,从而促进农民增产增收和农业资源的良性循环。

为此,2014年中央"一号文件"强调通过建立农业可持续发展长效机制,逐步让过度开发的农业资源休养生息来加大生态保护建设力度,促进生态友好型农业发展,这为中国农业的可持续发展指明了方向。在此背景下,研究粮食主产区农户技术采用对于政府合理地引导、调整和规范农户行为,促使农户生产方式向可持续发展转变，进而实现中国农业可持续发展具有重要意义。

1.2 研究目的及意义

1.2.1 研究目的

本书基于已有相关研究成果，以粮食主产区的安徽省水稻种植农户采用可持续生产技术作为研究对象，主要研究目的包括：揭示农户技术采用行为的经济机理，提出一个基于过程的农户技术采用研究框架；以此为基础，运用调研数据分析农户可持续生产技术采用行为及其影响因素，对农户可持续生产技术的持久采用意向展开理论与实证分析，以及考量多种可持续生产技术的采用效应。具体研究目标如下：

目标1：农户采用农业技术已开始逐步向环境友好、资源节约等可持续农业发展方式转变，以实现农业发展与环境保护的双重目标。本书通过将环境约束纳入农户技术采用模型，考察农户技术采用行为的经济机理，提出一个基于过程的农户技术采用研究框架，为后续研究提供依据。

目标2：利用安徽省水稻种植农户数据，综合评价农户对传统高产技术环境影响的认知，并构建计量模型实证研究影响农户对传统高产技术环境影响认知的主要因素，进而将农户环境影响认知综合评价数据纳入计量模型，运用Multivariate Probit回归模型实证分析农户五种可持续生产技术采用行为及其影响因素。

目标3：农户技术持续采用作为农户技术采用的重要阶段，决定农户持续采用意向的因素与背后原因是什么？本书提出研究假设，构建农户可持续生产技术持久采用意向的结构方程理论模型，并运用调研数据对结构方程理论模型进行实证检验。

目标4：科学准确评价农户采用多种可持续生产技术的效应能够为多技术采用在全国推广提供必要的政策依据。本书运用DEA模型与SFA模型研究农户家庭经营技术效率，并将可持续生产技术纳入模型考察其对农户技术效率的影响，进而基于倾向得分匹配方法考察集成采用可持续生产技术对农户生产技术效率的影响效应。

1.2.2 研究意义

在政府提出建立农业可持续发展长效机制，逐步让过度开发的农业资源休养生息，强调促进生态友好型农业的大背景下，促使农户在技术采用中更多选择采用可持续生产技术，对于加快农业发展方式转变，实现农业可持续发展具有重大理论价值与实践意义，具体包括两个方面：

（1）从理论价值来看，本书以农户行为理论与技术扩散理论作为分析农户技术采用的理论基础，在分析农户技术采用经济机理的基础上，构建基于过程的"从采用行为到持久采用意向"的农户技术采用研究框架，将为中国农户技术采用研究提供较好的研究思路。

（2）从实践意义来看，就当前而言，本书从农户技术选择入手，提出的政策建议可以搭建农业科技创新和农户使用的桥梁，使农业科技能够更加直接地转化为生产力，这非常符合2012年、2014年中央"一号文件"推进农业科技创新应用与促进生态友好型农业发展的要求。就中期而言，本书从微观层面分析影响农户技术采用的因素，所提的政策建议着眼于农户需求，符合我国小农户经营为主的基本国情，因此必将具有较强的实践性与针对性。就长期而言，中国农业现代化发展道路的基本要求是高产、优质、高效、安全、生态，农业持续发展必然要在环境承载力的范围内实现，采用可持续生产技术是实现农业发展与环境保护双赢的必然选择。

1.3 相关概念

1. 种稻农户

农户是有血缘关系组合而成的一种社会组织形式，它不仅是一种生活组织，更是一种生产组织。农户的本质特征在于它是以家庭契约关系为基础，且农户家庭与农业生产活动是相互作用的（尤小文，1999）。本书所称种稻农户即指种稻农民家庭。

2. 农业技术

农业技术是指应用于种植业、林业、畜牧业、渔业的科研成果和实用技术，包括：良种繁育、栽培、肥料施用和养殖技术；植物病虫害、动物疫病和其他有害生物防治技术；农产品收获、加工、包装、储藏、运输技术；农业投入品安全使用、农产品质量安全技术；农田水利、农村供排水、土壤改良与水土保持技术；农业机械化、农用航空、农业气象和农业信息技术；农业防灾减灾、农业资源与农业生态安全和农村能源开发利用技术；其他农业技术（《中华人民共和国农业技术推广法》，2012）。

3. 农户技术采用

农户技术采用是指农户以收益最大化为目标，充分配置拥有的各类资源，在农业生产过程中采用农业新技术的经济决策过程。本书在第4章中提出基于过程的农户技术采用框架，将农业技术采用划分为农户技术采用行为与农户技术的持久采用意向两个阶段。

4. 可持续生产技术

联合国粮食与农业组织（FAO）说明了可持续生产技术具有的五大主要特征：节约资源、保护环境、技术上适用、经济与社会上可行。根据此定义，可持续生产技术主要包括保护性耕作、作物轮作、改良品种、施用农家肥、节水灌溉等（Lee，2005；Kassie et al.，2009；Wollni et al.，2010）。就我国而言，农业部重点推广的10项可持续农业生产技术主要有：正确使用农药、正确使用化肥、节水灌溉、有效处理秸秆、保护性耕作（免耕或少耕）、作物轮作、施用农家肥、测土配方施肥、病虫害综合治理（IPM）、种植绿肥等。

5. 农户技术持久采用意向

农户技术持久采用意向是指农户在未来的较长一段时间里会持久使用某种农业技术的意向，属于技术采用后行为的一种。由于相关实证研究多是采用问卷调查方式获取截面数据，因此，常用持久采用意向来测量农户的持续采用。

1.4 研究内容和研究方法

1.4.1 研究内容

本书基于农户行为理论、技术扩散理论等相关理论，以水稻种植农户采用可持续生产技术行为作为研究切入点，通过实地调研获取数据，综合运用联立 Probit 模型、结构方程模型、倾向得分匹配方法等多种实证方法分析农户技术采用及其效应，旨在把握中国目前农户可持续生产技术采用现状，揭示影响农户采用可持续生产技术的深层因素，进而提出有较强操作性和针对性的政策建议。据此，本书以粮食主产区的安徽省水稻种植农户采用可持续生产技术作为研究对象，在分析农户技术采用经济机理的基础上，构建基于过程的农户技术采用研究框架，深入探讨农户可持续生产技术采用及其影响因素，并对农户技术的持续采用意向进行理论与实证分析，进而考量多种可持续生产技术的采用效应，最后提出政策建议。具体研究结构与内容如下：

第 1 章　导论。主要包括选题的背景、研究目的及意义，本书的研究内容与技术路线、研究方法、相关概念的界定、研究可能的创新点。

第 2 章　理论基础与文献综述。主要在收集阅读大量相关文献的基础上，以农户行为理论与技术扩散理论为理论基础，梳理与归纳国内外关于农户技术采用及其效应的相关研究成果，并对其进行综合评述，为后续研究奠定理论与文献基础。

第 3 章　中国农业技术进步作用及其测定分析。主要分析技术进步对转变农业发展方式的重要推动作用，并运用全局 Malmquist – Luenberger 指数法，将农业环境因素——碳排放纳入中国农业全要素生产率进行测算及分解，以此考察中国农业技术进步现状。

第 4 章　农户技术采用的经济机理与过程划分。主要分析了农业发展方式转变过程中农户的主体作用，进而将环境约束纳入农户技术采用模型，考察农户技术采用行为的经济机理，最后提出基于过程的"从采用行为到持久采用意向"的农户技术采用研究框架，为后续研究提供依据。

第 5 章　中国水稻生产技术采用状况与调研选择。主要介绍我国水稻总体生产与技术采用状况，包括全国水稻生产现状、水稻生产技术总体采用情况与安徽省水稻生产现状，然后说明本研究的数据来源，包括调研区域选择、调研内容以及样本数据基本信息描述等方面的情况。

第 6 章　农户可持续生产技术采用行为分析。依据第 4 章农户技术采用的过程划分结果，主要利用安徽省水稻种植农户数据，综合评价农户对传统高产技术环境影响的认知，并构建计量模型实证研究影响农户对传统高产技术环境影响认知的主要因素；然后运用 Multivariate Probit 回归模型，并将农户环境影响认知综合评价数据纳入计量模型，以五种可持续生产子技术为研究对象，分析农户可持续生产技术采用行为及影响因素。

第 7 章　农户可持续生产技术的持久采用意向分析。依据第 4 章农户技术采用的过程划分结果，借鉴相关研究提出研究假设，构建农户可持续生产技术持久采用意向的结构方程理论模型，继而运用样本数据对结构方程理论模型进行实证检验。

第 8 章　农户可持续生产技术采用的效应分析。主要运用 DEA 模型与 SFA 模型考察可持续生产技术对农户技术效率的影响，进一步基于倾向得分匹配方法，分析采用可持续生产技术对农户生产技术效率的影响效应。

第 9 章　研究结论与政策建议。根据前面研究，总结种稻农户在可持续生产技术采用上的主要研究结论，提出相关政策建议。

1.4.2　技术路线

本书的技术路线图如图 1-3 所示。

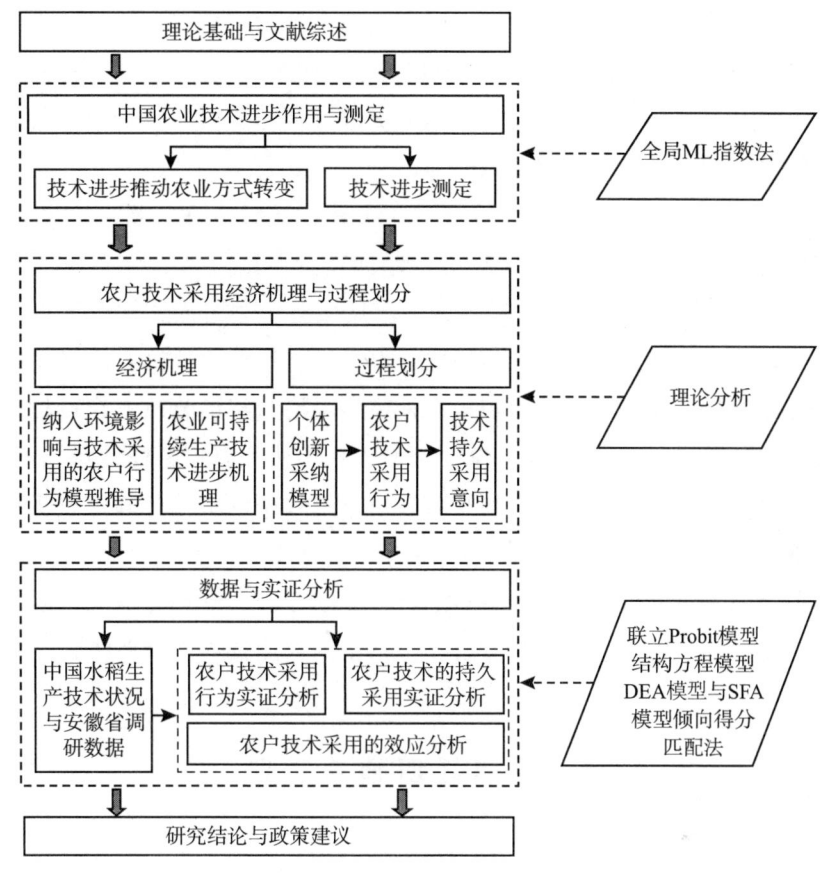

图 1-3　技术路线图

1.4.3　研究方法

本书采用规范分析与实证分析相结合、理论分析与实证分析相结合的研究方法，根据相关理论构建研究框架、选定经济模型、提出相体关研究假说，通过实地调研数据进行实证分析，得出研究结论，提出具体政策与建议。具体研究方法如下：

（1）规范研究法。一是文献分析法。梳理归纳有关农户技术采用的国内外研究成果，综合评述其进展与不足，为本研究提供理论与文献基础。二是在相关研究的基础上，通过理论分析构建基于过程的"从采用行为到持久采用意向"的农户技术采用研究框架展开深入研究，最后提出有针对性的政策建议。

（2）实地调查方法。以安徽省水稻农户可持续生产技术为例研究农户技术采用及其效应是本书的研究主题，其研究数据主要为实地调研获取。本书以安徽省 2012 年农村固定观察点的农户数据为基础数据，进一步根据研究设计调研问卷对样本农户可持续生产技术采用情况进行补充调研，获取数据的有效样本为安徽省的 11 个村，共 669 户农户。

（3）实证分析方法。本研究综合运用描述性统计方法、联立 Probit 模型、结构方程模型、DEA 模型与 SFA 模型、倾向得分匹配方法、全局 Malmquist - Luenberger 指数法多种实证方法展开分析。具体有：运用描述性统计方法对调研样本数据基本信息进行分析；运用联立 Probit 回归模型分析农户可持续生产技术采用行为及影响因素；运用结构方程模型理论与实证分析农户可持续生产技术的持续采用意向；运用 DEA 模型与 SFA 模型研究农户家庭经营技术效率，并将可持续生产技术纳入模型考察其对农户技术效率的影响，并进一步运用倾向得分匹配方法分析集成采用可持续生产技术对农户生产技术效率的影响效应；运用全局 Malmquist - Luenberger 生产率指数方法，将农业环境因素纳入中国农业全要素生产率进行测算及分解，考察中国农业技术进步现状。

1.5 可能的创新之处

本书以我国农业微观经营组织的种稻农户为研究视角，围绕农户可持续生产技术采用及其效应问题进行了全面拓展与系统分析，本书的研究特点或可能的创新点表现在以下三方面：

（1）将环境约束纳入农户技术采用理论模型，揭示农业发展方式转变下的农户技术采用经济机理；通过对比分析个体采纳过程模型，将农户技术采纳过程总体分为农户技术采用行为与农户技术的持久采用意向两个阶段，从而提出基于过程的"从采用行为到持久采用意向"农户技术采用研究框架，为后续章节进行实证分析奠定基础。

（2）多项农业技术的集成和综合应用已成为农业技术推广及采用的一种新趋势，但国内已有研究较多集中在农户单项技术采用行为的影响因素分析上，且很少关注农户技术持续采用现状。本书在农户可持续生产技术采用行为研究中，运用联立 Probit 回归模型，以五种可持续生产子技术为研究对象，在考察技术采用关联效应的基础下，分析农户可持续生产技术采用行为的影响因素；

在农户可持续生产技术的持续采用意向分析中，对涉及的相关影响因素及其对农户技术持续采用意向的作用机制展开理论与实证研究。

（3）有别于已有研究技术采用效应的研究文献多为聚焦于产量与收益等产出方面，本书在运用 DEA 模型与 SFA 模型分析可持续生产技术对农户技术效率的影响后，基于倾向得分匹配方法将集成采用可持续生产技术从其他影响农户生产技术效率的社会经济因素中独立出来，考察集成采用可持续生产技术对农户生产技术效率的影响效应。

第 2 章

理论基础与文献综述

农户是农业生产和经营的微观主体之一，是农业技术的采用者，也是农业科技传播的主要对象，因此，国内外学者围绕农户技术采用的相关问题进行了大量卓有成效的调查与研究，形成了相对完善的理论体系与丰富的实证分析。本章对农户技术采用的理论基础与相关文献进行了梳理与评述，以此为后续研究奠定理论与文献基础。

2.1 理 论 基 础

2.1.1 农户行为理论

农户作为人类进入农业社会以来最基本的经济组织，是指家庭拥有剩余控制权，并且主要依靠家庭劳动力从事农业生产的一种组织形式（尤小文，1999）。农户在日常生产生活中存在多种经济行为，学术界对其展开了深入研究，主要分为以舒尔茨为代表的理性小农学派、以恰亚诺夫为代表的生存小农学派、以黄宗智为代表的历史学派三大学派。

（1）理性小农学派。该学派的代表性人物是美国农业经济学家西奥多·舒尔茨（Thodore W. Schults），他在1964年出版的著作《改造传统农业》中基于西方经济学中的"理性人"的假设，指出传统农业的思想禁锢、缺乏技术创新、定式化生产的基本特征导致农业生产率与产出低，几乎没有剩余。但是贫穷并不意味着资源配置效率低下，在传统农业中，农民也并不愚昧，他们精明能干，锱铢必较，与资本主义企业家一样有同样的经济理性，时刻盘算着怎样才能少投入、多产出。一旦有了投资机会和有效的鼓励，农民将把黄沙变成黄金（舒尔茨，1964）。生产要素配置达到最优状态，符合帕累托最优原则。传统农业虽然贫穷，但却是有效的。企图通过重新配置现有生产要素改造传统农业，只能是一相情愿。对于传统农业虽然资源配置合理，却发展停滞落后，无法成为经济增长的源泉，舒尔茨认为原因在于投资收益率太低，刺激不了人们投资的积极性，结果导致传统农业就像一潭死水，毫无生机。在他看来，依靠经济刺激指导农民做出生产决策并根据农民配置要素的效率进行奖励（特定的政府投资和国家活动也是必要的）是改造传统农业的更好选择。而在改造传统农业过程中，要素均衡问题远比农场规模问题更为关键。所有权与经营权合一的家庭农场、居住所有制形式是改造传统农业更好的方法。他还认为必须通过向农民投资，增强其知识和技能让农民能够学会使用新的生产要素，其投资形式包括：教育、在职培训以及提高健康水平，其中教育更加重要，是长期有效的形式。

1979 年，该学派的波普金（Popkin）在其著作《理性的小农》中提出农户是理性的个人或家庭福利的最大化者的假设，进一步阐述了舒尔茨的理性小农观点。他指出小农在权衡长、短期利益之后，是一个为追求最大利益而做出合理抉择的理性经济人。小农的家庭农场最适合于以资本主义的企业来比拟描述。该学派这一观点被学术界概括为"舒尔茨－波普金命题"，依据此命题，小农只要在外部条件具备的情况下，就会产生进取精神，从而合理配置资源实现利润最大化。此外，该学派还在农户理性经济行为的假说下分析了农户贫困的根源。

（2）生存小农。该学派产生于 20 世纪 20 年代末，其主要特点是坚守小农的生存逻辑。其杰出代表人物是苏联农业经济学家恰亚诺夫。他的代表作是《农民经济组织》，其研究主要是从微观层面，以静态分析方法，基于"劳动－消费均衡论"与"家庭生命周期论"两大理论基础，分析农民家庭经济活动的运行机理。恰亚诺夫通过对 1930 年集体化前的苏联村社农民长达 30 年的跟踪调查发现：在小农家庭农场中，制约着农业经济活动的土地、劳动与资本三要素的组合方式，迥异于资本主义农场，因而二者的运行机制与规律也完全不同。小农家庭农场的运行机制以劳动的供给与消费的满足为决定因素。劳动投入和消费满足两个因素决定了农户家庭的经济活动量，当增加劳动带来的辛苦程度与产品增加带来的消费满足感达到均衡时，农民便不会再增加劳动，家庭经济活动量便确定下来。在生物学规律下，家庭人口规模与人口构成中劳动者与消费者比例发生周期性变化，也使得家庭经济活动量变化，农户分化主要是由人口分化而不是经济分化导致的。因而，小农追求的是满足家庭消费，而不是利益最大化，家庭需要的满足将导致不再增加生产投入，小农经济是非理性的、低效率，小农农场的发展前景是合作化与纵向一体化。

1957年，匈牙利政治经济学家卡尔·波兰尼（Karl Polanyi）继承恰亚诺夫的小农理论，认为正是"自我调节市场"生发了19世纪西方文明，其他的制度都属于这个创造的附属品，然而与历史上所有其他类型的经济形态一样，"自我调节市场"本来也是需要强大的社会力量来维系的。从而对资本主义经济学中的"经济人"假设与市场机制进行了有力批判。美国经济学家斯科特（Scott）将农民家庭的关键问题——安全生存问题置于研究农民政治活动的中心，极力强调生存规则的道德含义，通过揭示如何用农民对饥荒的恐惧来解释了农民社会的许多奇特的、技术的、社会的和道德的安排。以生存作为目的的农民，在规避经济灾难而不愿冒险追逐平均收入最大化方面很有代表性。

（3）历史学派。该学派的代表人物是美国加州大学洛杉矶分校华裔社会学家黄宗智教授。他在著作《华北的小农经济与社会变迁》中对中国华北地区的农业经济状况进行了经验研究和理论分析。研究发现，到1930年，华北地区农村已经形成了一种分化的小农经济，针对中国家庭农场因为耕地面积过于狭小，为了维持生活而不得不在劳动力边际回报已经降到极低的情况下继续投入劳力，以期增加小农农场总的产出，以及发展不足的经营式农场和小农经济结合在一起，形成的一种特别顽固、难以发生质变的小农经济体系的现实情况，他提出了用"内卷化"概念来刻画中国小农农业的经济逻辑。随后，黄宗智教授又将研究对象从华北转移向长江三角洲这一中国经济的发达地区，认为从明初开始长达600年的蓬勃的商品化和城市化发展，并没有为长江三角洲地区的小农经济带来质变，农民家庭经营实际上日益陷于"过密化"状态之中，进一步以"过密化"替代了"内卷化"概念，而且新中国成立之后开始的集体化和农业现代化，并没有打破这种"过密化"状态。总体来说，黄宗智综合了理性小农与生存小农学派的观点，认为小农既是利润最大化的追求者，也是生计的追求者。

三大学派的理论观点反映了不同时期、不同社会经济条件下的农户行为特征，都有其合理性，为研究中国农户经济行为提供了借鉴作用与理论基础。本书后续的农户技术采用经济机理分析将借鉴上述理论，将环境影响与技术采用纳入农户行为模型，揭示农户技术采用决策行为的经济机理。

2.1.2 农业技术扩散理论

技术扩散过程都是随着时间而变化的，农业技术扩散理论主要基于时间的变化建立各种动态理论模型，最具代表性的是巴斯（Bass）建立的新产品增长模型与罗杰斯（Rogers）的创新扩散理论。

1. 技术扩散理论的变迁

自 1957 年格里利兹（Griliches）在农业技术扩散中的开创性研究中发现农业技术扩散过程随着时间变化而成 "S" 形变动以后，大量的学者对此进行实证分析证实了这一理论，如罗杰斯（1962）通过对美国爱荷华州高产玉米技术扩散的研究证实扩散随时间成 "S" 形变化。"S" 形曲线由此被广泛被用于描述技术扩散过程。

在技术扩散理论中，巴斯于 1969 年建立的新产品增长模型最具代表性。该模型最初是一个用来预测耐用消费品销售情况的模型。由于应用非常成功，后被逐渐用于各个领域。应用该模型于农业技术领域，它将采用新技术的农户分成革新者和模仿者两类，革新者独立采用新技术，模仿者首先通过向别人学习，然后采用新技术。在农业技术扩散过程中，革新者与模仿者都会随时间呈 "S" 形波动。在随后的研究中，费德和玛拉（Feder & O'Mara，1981）通过在技术采用效用最大化模型中纳入风险减少的学习过程，并考虑新旧技术的固定采用成本与如何实现二者的最佳采用比例，推导验证了技术扩散的 "S" 形路径。而在巴斯模型的扩展研究中，1993 年，卡什纳斯和斯通曼（Karshenas & Stoneman，1993）提出的技术扩散理论模型就将技术扩散分为流行模型、排列模型、秩序模型与存量模型四种类型。

通过引入农村社会学的相关理论，1958 年，科克伦（Cochrane）提出 "技术踏车" 理论，从不同的角度研究农业技术扩散。"技术踏车" 理论将技术采用者分成早期采用者、跟随者与落后者三类，其核心思想是早期采用新技术的农户在市场竞争中，受利润最大化的驱使，对新技术具有较高的期望收益，期望从中获利，会率先采纳新技术，由于产品的高价格使得他们在获得了超额利润的同时也加快了新技术的扩散，进而促使更多农户采纳新技术。然而跟随者的加入将导致产品价格下降，超额利润逐渐消失；当产品价格已经下降到平均水平时，对于落后者而言，就无法从新技术的采用中再获取高额收益。而在此时，早期采用者已经再次寻找新技术，从而形成周期性的循环过程，农业技术"踏车效应"由此产生。农户采用新技术形成一种既有动力更有压力的驱动机制（周衍平、陈会英，1998）。

2. 创新扩散理论

创新扩散理论的代表性人物是美国新闻传播学者罗杰斯。他在早期研究农业推广过程中发现了新事物或新思想在社会中的扩散原理，提出创新是一项被个体认为新颖的事物、实践或观念。创新扩散就是个体主观感受到的新信息得以传播的过程，通过对美国爱荷华州高产玉米技术扩散的研究，罗杰斯证实扩散随时间变化的特征。1962年，他在总结前期成果并通过相关案例研究的基础上，出版了著作《创新的扩散》（第一版）。在该书中他系统阐述了创新扩散的具体进程、特征以及各种影响因素，进一步归纳出创新扩散过程随时间呈现出"S"形变化的基本规律，从而提出了创新扩散的"S"曲线理论。这一理论的核心思想是创新扩散过程开始时速度慢，但必须有一定的个体采纳创新，当个体采用者达到了临界数量后，其进程加速且将一直持续下去，直至整个系统中可能采用创新的个体大多数都采用了创新，达到一个饱和状况，这时创新扩散的速度就会逐步减弱，采用创新的个体数量由此呈现出随着时间变化而呈"S"形变化的规律。

就创新采纳者而言，罗杰斯将其分为创新者（大胆且热衷于尝试新观念，拥有大量社会关系）、早期采纳者（地位受人尊敬，通常是社会系统中的意见领袖）、早期追随者（非意见领袖，但深思熟虑，常与同事沟通）、晚期追随者（采纳出于经济或社会关系因素，带有疑虑）、滞后者（主要以以往的经验作为参考、因循守旧）。就创新决策过程而言，基于技术推广者的角度主要包括认知阶段、说服阶段、决策阶段、实施阶段与确认阶段五个连续的阶段。该过程重视社会网络，强调信息技术与人际交流是创新扩散过程的最主要途径。

创新扩散的理论研究充分表明了技术扩散过程随着时间而变化,即要实现农业技术的加速扩散,必须得到农户的采用且在农户群体内有效扩散,这一方面是新农户的采用技术;另一方面表现为已采用技术农户能够持久采用。因此,本书提出农户技术采用的过程划分,将技术采用过程表征为"从采用行为到持久采用意向",并以此为分析框架进行实证研究。

2.2 农户技术采用及其效应的相关文献综述

2.2.1 关于农户技术采用的研究

1. 农户技术采用特征研究

此类研究主要为调研分析,体现在农户技术采用动机、农户技术需求优先序、农户技术需求意愿方面,具体如下:

一是分析农户技术采用动机。运用效用分析,林毅夫(1991)、黄季焜(1994)认为农户采用新技术的决策取决于采用行为带来的效用大小,当预期收益大于边际风险或者当农户对新技术的预期净收益大于现有技术的净收益时农户就会采用新技术;而运用风险分析,汪三贵、刘晓展(1996)的研究表明受到信息约束的条件下,风险最小化是农户选择技术的动机。

二是分析农户技术需求意愿及其影响因素。纳尔逊和菲尔普斯(Nelson & Phelps, 1966)、韦尔奇(Welch, 1970)的研究表明农户的身体健康状况越好,则越愿意采用新技术。福斯特和斯特姆(Forster & Stem, 1979)等研究提出,年长的农户更不愿意采用土壤保护技术,因为其目光的短浅和不愿意其土地资本化,而年轻的农户更易于接受培训和愿意采用新技术。黄季焜等(1999)分析目前我国农技供需现状,指出在农业技术推广的过程中存在着政府行为与农民技术需求行为的背离,受政府行为影响的农业技术推广人员对农民的技术需求在认识上与行为上也存在着显著差异。朱希刚(2002)也认为农业技术推广的政府行为易导致农业科研偏向重视科研成果的学术水平和技术的先进性,忽视研究成果的微观需求。黄武(2010)研究发现江苏省种植业农户对有偿技术服务有着较强的需求意愿，是否遇到过技术难题与农户种植业收入占家庭总收入的比重两大因素对其有偿技术服务需求意愿有显著促进作用，而户主年龄、户主受教育程度与农技员解决技术问题的能力对其需求意愿有显著负向作用。王玄文、胡瑞法（2003）也认为中国棉花生产农户对农业技术推广有偿服务有较强的需求意愿，非农就业比重、耕地规模与是否参加过培训对其需求意愿有显著的正向影响。喻永红、张巨勇（2009）对IPM技术展开细化研究，提出对于"健康型"与"环保型"两类不同的IPM技术，影响农户技术采用意愿的主要因素存在差异。展进涛、陈超（2009）的研究表明农户劳动力转移对农业技术需求有较大影响，其程度越高，农技需求越小。王浩、刘芳（2012）以广东省油茶种植业为例，分析农户对不同属性技术的需求及其影响因素，计量结果得出农户对不同属性技术的需求状况有明显差异，在各型技术中更加偏好快速且有显著效果的高产型技术，而且农户需求不同，属性技术影响因素也各有不同。

三是分析农户技术需求优先序及影响因素。朱明芬、李南田（2001）分析不同类型农户对农业新技术的采用态度、行为方式、技术偏好、投资力度等方面存在显著差异。廖西元等（2004）利用农户调研数据对水稻种植农户需求技术进行排序，最需要的技术是高产品种技术，其他依次为：高产与优质兼顾品种、优质品种、病虫害精准预报、病虫害精准防治、复合肥、生物农药、有机肥、平衡施肥、肥料减施、收割机械、免耕、插秧机械、节水灌溉等。李圣军、孔祥智（2010）利用聚类分析方法对农户技术需求偏好进行优先序排列，并认为政府系统科技服务组织依然发挥了主导作用。庄丽娟、贺梅英（2010）对荔枝产业链中涉及的农户进行研究，实证分析提出在产前、产中与产后的不同产业链过程中，产前与产中技术最受农户偏好，相比而言，产后技术则需求较小，农户自身特征、种植面积、非农收入占家庭总收入的比重、技术培训都显著影响农户技术选择，其中农户自身特征影响最大。杨传喜等（2011）运用描述性统计分析食用菌种植户微观技术需求的优先序，发现在搭架环节，农户最需要轻巧耐用棚架技术；在选种环节，农户最需要品质好、产量高、抗病虫害能力强的新品种技术；在食用菌生产中，病虫害防治技术和轻简化栽培技术最得农户偏好，其中农户文化程度、专业技能和农业技术推广人员推广活动对农户采纳新技术的行为有正的影响，而食用菌销售难易程度与技术采纳负相关。

2. 农户技术采用的影响因素研究

此类研究聚焦于理论分析和基于调研数据的实证分析，具体如下：

一是理论分析。主要包括农户技术采用静态模型（Just & Pope，1978）、农户技术采用动态模型（Lindner & Fischer，1979；Smale & Leathers，1991）、农业技术诱导理论（Hayami & Ruttan，1970）、中国农业技术采用经济机理（吴敬学，2008）。贾斯特和波普（Just & Pope，1978）以预期收益最大化为因变量，将一系列农户技术采用的影响因素作为自变量建立一个静态模型，以此衡量农户如何取舍新旧技术，最终是否采用新技术。运用贝叶斯学习法则建立动态模型，林德纳和费希尔（Lindner & Fischer，1979）提出新技术采用平均收益的增加将导致技术采用时存在时滞的长度下降。斯梅尔和莱瑟斯（Smale & Leathers，1991）利用贝叶斯动态模型对风险中立者进行研究，发现其在技术采用过程中将首先部分采用新技术，因此技术采用存在先后顺序。速水佑次郎和拉坦（Hayami & Ruttan，1970）在考察农村经济环境对农业技术扩散的影响时发现生产要素价格变动诱导产生各种不同类型的技术，农业技术产生与扩散的主要原因是农民对农业技术的需求，就长期来看，农户技术采用将遵循节约要素的原则，也就是说农户总是会用丰富的要素资源替代稀缺型资源，从而提出农业技术诱导理论。吴敬学等（2008）以中国农户科技需求为视角，从技术采用影响因素方面解释了中国农业技术采用的经济机理。

二是实证分析方面。国内外学者运用多种计量与统计方法（如 Logit、Probit，线性回归模型等）展开了大量的研究，成果最为丰硕，涉及的影响因素大致可归纳为农户特征、信息获取、技术环境特征三大类。

（1）农户特征。农户特征一般包括户主性别、年龄、文化程度、技术风险类型、种植规模、家庭收入、农户兼业等因素。宋军、胡瑞法（1998）建立计量模型分析结果表明女性户主更倾向于选择劳动替代型技术，不同年龄农户的技术采用行为存在差异。而苏岳静（2002）研究农户抗虫棉技术采用时发现性别影响并不显著，韩军辉、李艳军（2005）研究也认为性别对农户技术采用行为无显著影响。

农户教育程度对其技术采用行为有显著正向影响（Feder & Slade，1984；胡瑞法，1998）。霍夫曼（Huffman，1977）研究美国农户发现，有较高教育水平的农户比较低教育水平的农户更好地调整要素的投入比例以采用新技术。欧文（Erwin，1982）研究发现，教育对于土壤保护技术扩散有重大影响。林毅夫（1991）分析湖南农户杂交水稻采用行为认为户主教育程度与农业从业经验对技术采用有显著正影响。孔祥智等（2004）对小麦品种技术与蔬菜水果保护地技术的研究也证明了上述观点。

农户种植规模对技术应用产生正面影响（Just & Zilberman，1983；Feder，1980）。林毅夫（1994）、黄季焜等（1999）、廖西元等（2006）、王志刚等（2007）对中国农户采用水稻技术研究也发现，农户耕地规模对于农户采用杂交水稻、机械化等技术具有显著正效应。然而巴克和赫特（Barker & Herdt，1978）；速水佑次郎（1981）的研究得出完全相反的结论，他们在5个考虑了亚洲国家30个村庄当地地理环境后得出，水稻品种采用与农户规模之间呈负相关关系。

农户采用农业技术需要资金支持，其家庭收入是资金获取的重要渠道，是决定采用新技术的重要因素（Frankel，1971；Wills，1972；Lowdermilk，1972；Lipton，1976；Khan，1975；Bhalla，1979）。发展中国家农户通过兼业获取非农收入，农户兼业化有利于科学技术推广提高劳动生产率（向国成、韩绍凤，2005），对轻简技术应用起到积极作用，不会阻碍现代农业技术的普及与发展，兼业程度越高的农户对农业技术的需求越低（李争、杨俊，2010）；然而展进涛、陈超（2009）的研究表明农户劳动力转移对农业技术需求有较大影响，其程度越高，农技需求越小。

（2）信息获取。信息获取主要包括邻里交流、信息渠道等方面。希伯特（Hiebert，1974）、加弗西和罗（Gafsi & Roe，1979）研究指出信息增加和获取信息能力的提高会直接促进技术采用。林德纳（1980）发现信息对更早采用技术的大户决策有重要影响作用。希夫劳和霍顿（Shiferaw & Holden，1998）、内加图和帕里克（Negatu & Parikh，1999）等提出新技术采用之前，信息获取途径除政府推广服务外，邻里间交流等途径也是非常重要的信息获取方式。而农业推广服务也是农户获取技术信息的一个重要途径，相关研究围绕农业推广服务的效果展开，主要以是否有政府的推广服务到家、是否参与推广机构组织的各类示范培训活动、农户是否与新技术推广有合同关系、对农户推广指导次数等指标衡量农户信息获取情况（Colmenares，1976；Demir，1976；Ensermu，1998；Ouma，2002）。简小鹰、冯海英（2007），谭英等（2004）运用调研数据分析认为农户最满意的信息途径仍然是村能人、市场（集市）等人际传播途径。对于社会网络效应方面的研究则围绕农户社会网络对现代农业技术扩散起重大作用展开，如邻里经验在印度能够显著地提高现代农业技术的收益（Foster & Rosenzweig，1995；Conley & Udry，2000）。农户个人社会网络是其获取技术决策相关信息的关键渠道（Bandiera & Rasul，2002；Munshi，2004）。农户对新技术的了解程度将影响其使用新技术的效果（黄季焜、齐亮、陈瑞剑，2008）。

（3）技术环境特征。技术环境特征主要包括农业技术推广、地理环境等方面。农业技术推广主要由政府主导，政府推广新技术的激励政策表现为信息提供和补贴政策两种重要形式，因此研究成果也围绕推广政策影响的理论和绩效研究展开。第一，政策影响研究。费德和斯莱德（Feder & Slade，1985）指出，在技术采用信息服务通常是公共物品的背景下，政府推广机构效率低下主要原因是推广机构缺乏激励、结构不合理等。而针对农户由风险和不确定性所产生的信贷制约，许多研究指出应该提供直接的补贴性贷款（Krause，1990；Binswanger & Sillers，1983；Bromley & Chavas，1989；Lunn，1990；Kim，1992）。而大卫和奥尔森（David & Olsen，1984）、斯通曼和戴维德（Stoneman & David，1986）提出在完全竞争环境下，政府补贴政策能够促进技术采用和社会福利增加，在垄断条件下，能够促进技术采用，但不一定促进社会福利增加。第二，技术推广政策绩效问题研究。高启杰（2000）得出了农户与推广人员接触的频率对于农户的技术采用行为有显著正向影响。朱希刚、赵绪福（1995）利用云南农户的调研数据研究提出，农户与农业技术推广机构联系的次数越多，其越可能采用杂交玉米技术。王志刚等（2007）认为农户满意度与农技人员入户次数呈正相关。廖西元等（2008）提出不同形式的农业技术推广服务对其推广绩效产生重要影响。申红芳等（2008）实证考量了超级稻示范在推广过程中实现的产量差异及其来源。在推广体制改革和机制创新方面，胡瑞法等（2004）研究发现，推广经费、农技员职称级别、农业技术推广单位的性质等对农技员推广行为有重要影响。此外胡瑞法等（2004，2006），李立秋、刘万才（2008），黄季焜等（2009）关注了推广体制和机制存在的诸多问题。邓祥宏、穆月英、钱加荣（2011）等运用DEA模型测算了农业技术补贴政策绩效。朱希刚、赵绪福（1995）对贫困农户的研究表明离乡镇距离与采用新技术负相关。满明俊等（2010）则依据对西北农区农户数据系统研究了技术环境对农户采用农业新技术的影响及其差异。

此外，还有学者分析了不同技术属性对农户技术采用的影响。满明俊等（2010）研究发现技术属性的差异能够显著影响农户对新技术的采用，不同技术具有的收益水平、技术风险以及对资源依赖程度的差异是导致农户技术采用决策差异的主要原因，农户采用不同属性技术的行为与影响因素具有线性关系或者正 U 型、倒 U 型关系。唐博文等（2010）研究表明具有不同家庭特征、外部环境特征的农户基于技术自身特征差异会表现出不同的技术采用行为，同一变量对农户采用不同属性技术的影响各不相同。

在农户技术采用的诸多研究中，对于采用技术包中子技术相关问题的研究值得关注。曼（Mann，1978）的研究表明农业技术可能由一系列不同的子技术组成，农户在农业生产过程中会根据需要选择组合采用各子技术，而不是采用全部子技术，由此首次提出子技术包采用问题。费德（1982）据此发展了技术包采用的理论模型。随后，学者们依据不同地区调研数据对农户子技术采用进行实证探索。如罗尼亚和古德（Rauniyar & Goode，1992）实证分析瑞士农户采用七项子技术，结果发现农户在七项子技术中选择采用了部分子技术，并且其中的三种子技术组合受到农户的最普遍采用。肯纳（Khanna，2001）以两种具体技术为例，运用双选择模型避免样本选择偏差，实证分析子技术的共同采用情况。莫约和维曼（Moyo & Veeman，2004）、于等（Yu et al.，2012）研究证实农户在技术采用决策时，会采用一组技术束以实现最大效用。耶萨夫和科夫林（Yesuf & Köhlin，1999）运用局部可观察双变量 Probit 模型分析了农户施肥与水土保持技术采用行为的影响因素。国内研究方面，学者们主要运用 Probit 模型、Logit 模型对农户采用单一技术行为进行深入研究，成果较为丰硕。然而农户采用技术决策可能不是独立的，而是同时发生且相互依赖的，孤立地对单项技术进行研究会忽视其同时采用多种技术带来的经济信息，降低研究结论的可信度。鉴于此，有少数学者已开始关注技术包中农户采用子技术之间存在的关联效应，如褚彩虹等（2012）利用联立双变量 Probit 模型考察了农户施用商品有机肥与农家肥之间的互补效应。王静、霍学喜（2012）运用局部可观察双变量 Probit 模型分析探讨了农户果园精细管理技术的联立选择行为。

随着经济社会的快速发展，农业环境污染问题日益突出，考虑到农业可持续生产技术能够在获得产出最优化的同时降低资源消耗与环境污染，因此微观农户采用可持续生产技术是实现农业可持续发展的重要途径。然而对于注重于短期利益的小农而言，可持续发展并非最优选择（Eswaran et al.，1993；Olaizola，2008）。如何改变农户偏好，使其采用兼具资源节约与环境友好特性的可持续性技术成为学者关注的焦点。相关的研究成果仍然是运用计量模型对单项可持续农业生产技术采纳进行实证分析。如农户环保认知（Gorman et al.，2001；Namatié Traoré et al.，1998；周锦、孙杭生，2009；邢美华等，2009）；农户保护性农业措施采纳行为（Ervin and Ervin，1982；Knowler and Bradshaw，2007；曹光乔、张宗毅，2008）；病虫害综合防治技术采用行为（McNamara et al.，1991；喻永红、张巨勇，2009；赵连阁、蔡书凯，2012）；农户采用有机肥与测土配方施肥技术等环境友好型农业技术行为（葛继红等，2010；褚彩虹等，2012；周建华等，2012）、农户低碳技术采用（祝华军、田志宏，2013）等方面。

2.2.2 关于农户技术采用效应的研究

农户技术采用行为效应的经济学分析主要集中于新技术对产量、收入、环境等方面影响。农户采用技术能够增加农户收入，通过增加就业机会和降低粮食价格缓解贫困。但也有学者认为农业技术应用对农户收入起负向作用。（1）正效应。李忠鹏（2006）提出通过加强应用农业新技术的途径，不断提高农业生产要素中的资本、劳动与土地生产率，并且促使农业与其他产业相互融合，使得农业形成具有较高需求弹性的发展特征，从而提升农户收入。李大胜、李琴（2007）利用中国宏观数据实证分析农业技术应用对农户内部收入差距的影响及其机制，研究结果认为农户应用农业技术从整体上增大了中国农村居民内部收入差距，其影响程度的特征表现为"先增大后缩小"。周波、于冷（2011）利用江西省11个村连续5年固定跟踪观察的面板数据，选定固定效应模型研究农业技术应用对农户家庭收入的静态与动态影响效应，结果表明农业技术应用对农户家庭总收入具有显著的正效应，农业技术应用能够促进农户家庭总收入平均增长6.3%。陈玉萍等（2010）利用滇西南山区农户调查数据与倾向得分匹配法评估改良陆稻技术采用对山区农户收入的效应，结果表明采用改良陆稻技术对农户收入提高具有稳健正向效应，采用户收入在各年分别是非采用情况下的1.49倍、1.34倍和1.23倍。钱鼎炜（2012）研究茶叶新品种技术扩散的收入分配效应后发现，茶叶新品种技术扩散引起收入在两类农户间的不均等分配，茶叶新品种技术扩散引起了茶叶收入和其他农业收入向技术采用户集中，非农业收入则向技术非采用户集中，技术采用户的家庭总收入显著高于非采用户。李中东、孙焕（2011）关注了农户对四类技术影响农产品质量安全效应的认识，研究表明生产地环境保护类技术是影响农产品质量安全的中心问题，属于结果性因素，标准法规类技术属于过程性因素，其他两类技术的影响效应在不同省份表现不同。（2）负效应或无显著影响。刘进宝、刘洪（2004）分析就单个农户而言，其采用新技术通过农产品产量增加能够获得新技术应用所带来的超额收入，但当多数农户均采用此技术时，将导致新技术采用所带来的超额收入消失。何延治（2009）通过建立计量模型，得出吉林省人均农业机械动力对农民人均收入的产生负影响的结论。阿尔斯通和芬内（Alstom & Venne，2002）研究美国小麦新品种相关数据后发现，《植物新品种保护法案》对粮食产量没有起到显著影响。陈超、李道国（2004）根据中国农户的小麦、水稻、玉米等粮食作物生产数据也证实品种权保护品种对农户增收没有显著影响。

对于农业部门大力推广的各种可持续生产技术，尽管其环境效益很重要且在自然科学领域得到大量研究，但对农户而言，更为重要的经济效益得到了学者越来越多的关注。韩洪云、杨增旭（2011）利用实地调研数据，采用Bivariate Probit 计量模型实证分析表明，农户采纳测土配方施肥技术具有显著增收效应。保护性耕作技术能显著提高作物单产（Hobbs & Gupta，2004）。蔡荣、蔡书凯（2012）基于安徽省水稻种植户实证考察了保护性耕作技术对稻谷单产的具体影响，结合实证发现农户对于保护性耕作技术的采用能够使得稻谷的单产水平大约要高出93千克/公顷。赵旭强、穆月英（2012）分析保护性耕作技术对产量和生产成本影响认为保护性耕作技术的增产和节约成本效果对部分农户存在差异。然而也有研究表明保护性耕作技术对粮食单产影响不显著，甚至可能产生负面影响（Giller，2009）。王金霞、张丽娟（2010）基于中国黄河流域农户调研数据证实采用保护性耕作技术与小麦和玉米单产之间没有显著相关关系，但可显著减少单位面积劳动力投入。针对病虫害综合防治技术的研究表明其有助于降低农药的使用量，同时增加农户产量、收益与降低成本（Burrows，1983；Yudelman，1998；Maucerietal，2007；刘道贵，2005；孙作文等，2006；蔡书凯，2011）。

2.2.3 文献评述

综观已有文献，以微观农户为主体的研究得到了国内外学者的普遍认可，取得了丰硕的研究成果。国外的相关研究起步早，并且注重综合运用经济学、管理学、社会学、心理学等多学科知识，从不同视角研究农户技术采用问题，呈现出微宏观单项研究向微宏观综合研究转向、静态研究向动态研究转向、传统农业技术研究向农业可持续技术研究转向、农户个体研究向系统综合研究转向的发展趋势，从而不仅产生了丰富的理论成果与许多较为成熟的理论模型，而且在实证研究上不断创新，更多地运用面板数据和动态分析方法与模型考察农户技术采用行为。可见，不论理论研究还是实证分析，国外农户技术采用研究都已经形成了系统的理论框架与较为完善的分析体系。

国内研究的研究体系均建立在大量借鉴国外较为成熟的理论与方法基础之上，整体研究落后于国外。具体而言：一是国内研究过于集中在农户单项技术采用行为的影响因素与效应分析上，对于农户多种技术之间的采用行为及其效应的研究成果比较鲜见；二是国内研究由于长期跟踪观察农户的困难，很少关注农户可持续技术采用后的持续采用意向，缺乏对长期时间变化中的农户技术采用进行研究，由此导致多数静态分析的研究成果表现出重复与雷同的特征；三是针对多数粮食主产区通过集成可持续生产技术提升粮食产量与质量这一状况，尚未对农户可持续生产技术集成采用的效应进行相关探索，无法为实现水稻优质高产而进行农户成套集成技术采用提供现实依据；四是在研究方法上，综合运用联立 Probit 模型、结构方程模型、倾向得分匹配方法等多种方法进行农户技术采用的实证研究尚属少见。

鉴于以上研究现状，本书借鉴前人研究成果，以安徽省水稻种植农户采用可持续生产技术作为研究对象，在分析农户技术采用经济机理的基础上，构建基于过程的"从采用行为到持久采用意向"的农户技术采用研究框架，并以此为基础，深入探讨农户可持续生产技术采用及其影响因素，理论与实证分析农户技术的持续采用意向，进而考量多种可持续生产技术的采用效应，以期为政府促进农户技术采用提供决策参考与依据。

2.3 本章小结

本章对于农户技术采用研究涉及的农户行为理论中理性小农、生存小农与历史学派，农业技术扩散理论中的技术扩散理论变迁、创新扩散理论等理论基础进行了归纳梳理，从农户技术采用特征、农户技术采用的影响因素、农户技术采用效应三大方面综述了有关农户技术采用及其效应的研究文献，为后续研究的深入开展奠定了理论基础与文献基础。

第 3 章

中国农业技术进步作用及其测定分析

农业是国民经济的基础。改革开放以来，中国农业发展取得显著成就，其中技术进步以及生产率的提高发挥了至关重要的作用。然而，这种增长也伴随着农业资源利用效率低下、能源消耗过多、农业生产碳排放量过大等诸多环境问题。在目前转变农业发展方式的大背景下，准确测算纳入环境因素的农业全要素生产率有利于整体把握中国农业技术进步现状。本章简要分析了技术进步对转变农业发展方式重要的推动作用，进一步运用全局 Malmquist – Luenberger 生产率指数法，将农业环境因素——碳排放纳入中国 1997~2010 年农业全要素生产率进行测算及分解，以此考察中国农业技术进步现状。

3.1 技术进步推动农业发展方式转变

3.1.1 从传统农业到发展现代农业

农业发展在一国国民经济发展进程中具有基础性的重要作用。然而舒尔茨（1964）认为传统农业欠缺迅速稳定增长的能力，通过把传统农业改造成为现代农业，即实现农业现代化，才有利于发展中国家的经济增长。为了满足现代市场理念、资源高效利用与生态环境保护等相关领域要求，以现代科学技术、现代经济管理方法为主要特征的现代农业蓬勃发展。在传统农业向现代农业的转变过程中，必须实现由资源依赖型向技术密集型的生产投入转变、由自给自足型向市场导向型的生产导向转变、由对自然的征服向与自然和谐相处的增长方式转变、由单一功能形式向多元化功能形式的经营理念转变、由单一农户向合作组织形态的组织形式转变等。

传统农业主要依赖资源的投入，开发自然资源是农业发展的主要源泉。起先农业生产增加依赖于土地资源（耕地和牧场）的不断扩张，20世纪则通过农作物耕种的频率和强度提高（即土地资源的集约利用）予以转变。21世纪依赖不断更新的新技术投入实现农业现代化发展。由传统农业资源依赖型生产向现代农业技术密集型生产的转变主要反映在资源开发利用的四个方面：一是提高资源利用效率；二是提高现代作物品种；三是提高土壤肥力；四是提高农业资源功效管理服务能力。这些转变使农业的增长方式由过去单纯依靠资源的外延开发，转为主要依靠提高资源利用率和可持续发展能力，以实现农产品产量的提高、农产品品质的改善、农业劳动强度的减轻、农业能耗的下降和农业生态环境的优化。

3.1.2 现代农业注重发展可持续农业技术

速水佑次郎和拉坦（1971）提出了著名的速水佑次郎-拉坦模型。农业技术进步主要被分为两大类：一类是侧重于提高工效的技术，即农业机械技术，主要应对劳动供给缺乏弹性或劳动相对于其他生产要素价格昂贵；另一类是侧重于提高产量的技术，即生物技术、化学技术等，主要应对土地供给缺乏弹性或土地相对于其他生产要素价格高昂。伴随人们生活水平的提高，人们不再局限于温饱问题，而产生了更多的食品安全、营养健康等方面的需求，因此农业技术发展也应满足多方面需求，一是对农产品数量与质量的多元化需求，二是对农业生态与环境健康的高品质需求。这两类需求从农业现代理论范式看，涉及"农业剩余"和"农业品质"范式。以机械化技术发展的"农业剩余"范式，实质上是以能源（特别是化石能源）参与到农业投入及农业产出过程，其加工、储存、运输、销售等过程都借助能源加以支撑。以生物、化学技术发展的"农业品质"范式，实质上是以杂交技术培育高产品种和有效施肥杀虫灌溉等应用于农业生产过程中的。前者由于能源的大量使用、后者由于化肥杀虫剂等的大量使用，造成农业生产成本增加、农业环境污染恶化、农业生态系统破坏等一系列情况。因此，基于这两类技术，现阶段发展现代农业应注重发展可持续农业技术。

3.1.3 技术进步推动农业发展方式转变

传统柯布-道格拉斯生产函数中，劳动力、资本、土地及技术水平成为决定产出的重要投入要素。农业经营主体在生产过程中发明、应用各类先进农业技术，使之与其他生产要素、生产条件形成新组合，建立新的农业生产函数；技术进步有利于创造新的农业生产价值，驱动农业发展方式转变。

技术进步使农业增长由单纯的资源投入数量增长向资源生产效率提高转变。长期以来，我国农业基本特征是主要依靠大量增加资源投入来实现农业增长，其农业生产方式效率不高。发达国家农业发展经验表明，农业生产率增长的70%源自技术进步。自1978年以来，我国农业科技投入不断增加、科学技术形式不断丰富、技术进步水平快速提高，大大提高了农业生产要素的生产率，使单位要素所得产出增加（或单位产出所需要素下降），技术创新在农业增长中的贡献份额不断提高，农业增长方式逐步实现由粗放型至集约型、由数量型向质量型的转变。特别是可持续农业技术的发展，在节地、节水、节能、节肥等方面的不断尝试及创新，有利于降低农业投入产出比，有利于缓解我国农业现存的资源约束。

技术进步使农业增长由忽视生态环境型向环境友好型转变。作为自然再生产与经济再生产相互作用的产物，农业生产势必与农业生态环境息息相关。然而长久以来，解决温饱问题一直是我国事关国计民生的头等大事。农业生产以单纯追求粮食产量增加为目标，而忽视生态环境。生产过程中大量使用的化肥、农药和地膜，造成土壤结构失衡、土壤板结酸化严重、土壤肥力下降、农业用水污染、生物多样性受损等一系列负外部性结果。世界发达国家农业发展中的技术应用实践充分表明，技术进步尤其是可持续农业技术是有效实现农业外部成本内部化的可行手段之一。例如利用免（少）耕栽培、秸秆还田技术、节水灌溉等保护性耕作技术能有效防止水土流失、实现地力可持续发展；测土配方、病害虫综合管理等技术能有效减少对化肥农药杀虫剂等依赖。利用各类农业技术进步可以不同程度地避免农业负外部性的发生或降低农业负外部性危害，积极从忽视农业生态环境的现行农业生产模式向环境友好型转变，突破生态环境对农业产出数量及质量约束，实现农业生产的良性循环，从而获得农业系统外部效益最大化。

技术进步使农业产出模式从注重农产品数量扩张向农产品质量提升和结构优化转变。农产品的有效供给是国家安全的重要保障，始终关系到国民经济发展和社会稳定的全局，因此农产品数量安全及增长一直是我国农业发展的目标。近些年来在政策、投入、科技的强有力支撑下，我国农产品生产能力稳步增长，为居民食物消费提供了丰富的食物资源。然而越来越大的农业生态环境压力加大了农产品质量的监控难度、不断凸显的农产品品种结构矛盾加大了部分农产品的外贸依存度，难以预测的国内外农产品市场价格加大了市场风险。与此同时，农产品安全问题也成为困扰国人的重大问题。农药、化肥、添加剂、重金属等造成的化学污染，致病菌、病毒、寄生虫等造成的微生物危害，造成农产品生产及加工等多环节中危机四伏，严重影响农产品质量。这些状况与当前理性消费者的消费观念及消费结构互不匹配，人们不再追求数量上充盈，而是更加关注农产品品质提升及安全问题，由过去传统较低品质农产品向绿色、有机食物转换。借助技术进步（特别是发展可持续农业技术），通过对化肥、农药品种及使用方式的规定减少初级农产品污染，提升农产品自然品质；以生物技术、信息技术为抓手，加快对传统农产品改造和开发新产品的过程，通过高新技术应用推进农产品结构优化升级。

3.2 中国农业技术进步现状分析

农业是国民经济的基础，是支撑整个国民经济不断发展与进步的保证。改革开放以来，我国农业发展取得显著成就，技术进步以及生产率的提高发挥了至关重要的作用。但与此同时，这种增长也伴随着农业资源利用效率低下、能源消耗过多、农业生产碳排放量过大等诸多问题。过于依赖投入扩张的传统农业发展方式显然难以持续，转变农业发展方式必须在低碳转型的背景下提高全要素生产率（TFP）对农业经济增长的贡献。因此，科学准确地测算环境约束——碳排放下的农业全要素生产率，深入分析其动态演化及地区差异对我国农业可持续发展具有重要的现实意义。

目前，关于农业全要素生产率的测算方法主要分为参数估计法和非参数估计法两类。参数估计法中最常用的是生产函数的索洛余值法（赵洪斌，2004；

黄少安等，2005；赵芝俊、张社海，2006）与随机前沿生产函数法（Daniel C. Monchuk，2009；亢霞、刘秀梅，2005；李谷成等，2008；石慧等，2008；赵芝俊、袁开智，2009）。由于参数估计法需要设定函数形式与严格的假设条件，而非参数的数据包络分析法无须设定具体函数形式与严格的假定，也不需要进行假设检验，并且还能将全要素生产率分解为技术进步和效率改进，因此受到多数学者的青睐。如陈卫平（2006），李静、孟令杰（2006），曾先峰、李国平（2008），李谷成（2009）等分别运用 DEA - Malmquist 指数法对我国农业全要素生产率进行了分析与评价。但这些文献均没有考虑环境因素——碳排放对生产率的影响，无法还原真实的农业全要素生产率。

鉴于上述研究现状，本章依据 29 个省份面板数据，运用全局 Malmquist - Luenberger 生产率指数（Global Malmquist - Luenberger Productivity Index，GML-PI）计算方法，将农业环境因素——碳排放纳入中国 1997～2010 年农业全要素生产率进行测算及分解，考察中国农业技术进步现状，以此为政府促进农业发展提供决策参考。

3.2.1 技术进步测定方法与数据处理

1. 生产可能性集合

假设每一个生产决策单元（省份）使用 N 种投入 $X = (x_1, x_2, \cdots, x_N) \in R_N^+$，得到 M 种期望产出向量集 $Y = (y_1, y_2, \cdots, y_M) \in R_M^+$，J 种非期望产出向量集 $b = (b_1, b_2, \cdots, b_J) \in R_J^+$。用 $P(X)$ 表示生产可能性集合：

$$P(X) = \{(Y, b) | X 能生产 (Y, b)\}, X \in R_N^+ \quad (3-1)$$

如果生产可能性集合 $P(X)$ 满足闭集和凸集、零结合性、投入与"好"产出自由可处置性、联合弱可处置性四个条件，就可用非参数的数据包络分析（DEA）方法描述生产可能性集合 $P(X)$。

2. 方向性距离函数及 Malmquist - Luenberger 生产率指数

设基于产出的方向性距离函数为：$\vec{D}_o(X, Y, b; g) = \sup\{\beta: (y, b) + \beta g \in P(X)\}$，其中 $g = (g_y, -g_b)$ 为产出扩张的方向向量，通常将其设定为 $g = (Y, -b)$（Kumar，2006）。由此，根据钟等（Chung et al.，1997）提出的 Malmquist - Luenberger，将生产率指数（MLPI）表示为：

$$MLPI^{t,t+1} = \left[\frac{1+\vec{D}_0^t(x^t, y^t, b^t; y^t, -b^t)}{1+\vec{D}_0^t(x^{t+1}, y^{t+1}, b^{t+1}; y^{t+1}, -b^{t+1})} \times \right.$$

$$\left. \frac{1+\vec{D}_0^{t+1}(x^t, y^t, b^t; y^t, -b^t)}{1+\vec{D}_0^{t+1}(x^{t+1}, y^{t+1}, b^{t+1}; y^{t+1}, -b^{t+1})} \right]^{1/2} \quad (3-2)$$

MLPI 进一步地为分解技术进步指数（MLTC）和效率变动指数（MLEC），即：

$$MLPI^{t,t+1} = MLTC^{t,t+1} \times MLEC^{t,t+1} \quad (3-3)$$

$$MLTC^{t,t+1} = \left[\frac{1+\vec{D}_0^{t+1}(x^{t+1}, y^{t+1}, b^{t+1}; y^{t+1}, -b^{t+1})}{1+\vec{D}_0^t(x^{t+1}, y^{t+1}, b^{t+1}; y^{t+1}, -b^{t+1})} \times \right.$$

$$\left. \frac{1+\vec{D}_0^{t+1}(x^t, y^t, b^t; y^t, -b^t)}{1+\vec{D}_0^t(x^t, y^t, b^t; y^t, -b^t)} \right]^{1/2} \quad (3-4)$$

$$MLEC^{t,t+1} = \frac{1+\vec{D}_0^t(x^t, y^t, b^t; y^t, -b^t)}{1+\vec{D}_0^{t+1}(x^{t+1}, y^{t+1}, b^{t+1}; y^{t+1}, -b^{t+1})} \quad (3-5)$$

3. 全局 Malmquist – Luenberger 生产率指数

MLPI 分解中涉及的四个方向性距离函数通过 4 个线性规划来求解，求解过程与生产前沿面构建方法有关。生产前沿面构建方法主要包括当期 DEA、窗式 DEA、序列 DEA 和全局 DEA。当期 DEA 容易造成技术进步的不连续性，窗式 DEA 和序列 DEA 可能存在无可行性解问题与在形式上并不能满足可传递性要求两大问题（周五七、聂鸣，2012）。而全局 DEA 以所有时期投入产出数据构造的全局技术集作为不同时期的共同参照技术集，基于全局 DEA 的 ML 生产率指数无须采取几何平均形式，既能满足可传递性要求，又可以避免线性规划无可行性解的问题（Oh，2010）。

全局生产可能性集合表示为 $\bar{P}^T(X^T) = P^1(X^1) \cup P^2(X^2) \cup \cdots \cup P^T(X^T)$，方向性距离函数线性规划过程表示为：

$$\vec{D}_o^G(X_{k'}^{t+1}, Y_{k'}^{t+1}, b_{k'}^{t+1}; Y_{k'}^{t+1}, -b_{k'}^{t+1}) = \max \beta$$

s. t. $\sum_{\tau=1}^{T} \sum_{k=1}^{K} z_k^\tau y_{km}^\tau \geq (1+\beta) y_{k'm}^{t+1} \quad m = 1, \cdots, M$

$\sum_{\tau=1}^{T} \sum_{k=1}^{K} z_k^\tau b_{kj}^\tau = (1-\beta) b_{k'j}^{t+1} \quad j = 1, \cdots, J$

$\sum_{\tau=1}^{T} \sum_{k=1}^{K} z_k^\tau x_{kn}^\tau \leq x_{k'n}^{t+1} \quad n = 1, \cdots, N$

$z_k^t \geq 0 \quad k = 1, \cdots, K$

$$\vec{D}_o^G(X_{k'}^{t+1}, Y_{k'}^{t+1}, b_{k'}^{t+1}; Y_{k'}^{t+1}, -b_{k'}^{t+1}) = \max\beta$$

s.t.
$$\sum_{\tau=1}^{T}\sum_{k=1}^{K} z_k^\tau y_{km}^\tau \geq (1+\beta) y_{k'm}^{t+1} \quad m=1,\cdots,M$$

$$\sum_{\tau=1}^{T}\sum_{k=1}^{K} z_k^\tau b_{kj}^\tau = (1-\beta) b_{k'j}^{t+1} \quad j=1,\cdots,J$$

$$\sum_{\tau=1}^{T}\sum_{k=1}^{K} z_k^\tau x_{kn}^\tau \leq x_{k'n}^{t+1} \quad n=1,\cdots,N$$

$$z_k^t \geq 0 \quad k=1,\cdots,K \qquad (3-6)$$

GMLPI 及其分解所得全局技术进步指数（GMLTC）和全局技术效率指数（GMLEC）表示为：

$$\begin{aligned}
GMLPI^{t,t+1} &= GMLTC^{t,t+1} \times GMLEC^{t,t+1} \\
&= \frac{1+\vec{D}_o^G(X^t, Y^t, b^t; Y^t, -b^t)}{1+\vec{D}_o^G(X^{t+1}, Y^{t+1}, b^{t+1}; Y^{t+1}, -b^{t+1})} \\
&= \frac{1+\vec{D}_o^t(X^t, Y^t, b^t; Y^t, -b^t)}{1+\vec{D}_o^{t+1}(X^{t+1}, Y^{t+1}, b^{t+1}; Y^{t+1}, -b^{t+1})} \times \\
&\quad \frac{\dfrac{[1+\vec{D}_o^G(X^t, Y^t, b^t; Y^t, -b^t)]}{[1+\vec{D}_o^t(X^t, Y^t, b^t; Y^t, -b^t)]}}{\dfrac{[1+\vec{D}_o^G(X^{t+1}, Y^{t+1}, b^{t+1}; Y^{t+1}, -b^{t+1})]}{[1+\vec{D}_o^{t+1}(X^{t+1}, Y^{t+1}, b^{t+1}; Y^{t+1}, -b^{t+1})]}}
\end{aligned} \qquad (3-7)$$

3.2.2 变量选择与数据说明

考虑数据的可得性，本章使用数据为1997~2010年中国29个省、自治区和直辖市的农业投入产出数据，将重庆市数据合并至四川省，并剔除西藏自治区及港澳台地区。所有数据均来自历年《中国统计年鉴》《中国农村统计年鉴》《中国农业年鉴》，相关农业投入和产出变量定义如下：

1. 产出指标

一是期望产出。以各省份的农业总产值作为农业产出，并以1997年不变价格对名义 GDP 进行调整。二是非期望产出。以各省份农业碳排放量衡量非期望产出。各省份农业碳排放计算主要包括化肥、农药、农膜、农业机械运用、翻耕、灌溉在农业生产和使用过程中所导致的直接或间接的碳排放，计算方法参照李波（2012）的估算方法（见表3-1）。

表3-1　农业碳排放源、系数及参考来源

碳源	排放系数	参考来源
化肥	0.8956kg·kg^{-1}	West 等（2002）；美国橡树岭国家实验室（伍芬琳等，2007）
农药	4.9341kg·kg^{-1}	美国橡树岭国家实验室（伍芬琳等，2007）
农膜	5.18kg·kg^{-1}	南京农业大农业资源与生态环境研究所（程锟，2010）
柴油	0.5927kg·kg^{-1}	IPCC（2007）
翻耕	312.6kg·km^{-2}	中国农业大学生物与技术学院（智静等，2009）
农业灌溉	25kg·Cha^{-1}	Dubey 等（2009）

资料来源：李波. 基于投入视角的我国农业碳排放与经济发展脱钩研究［J］. 经济经纬，2012（4）：27-31。

2. 投入指标

农业投入包括各省份农业劳动力、土地、化肥、役畜和农业机械五种主要农业生产要素（方鸿，2010；李谷成，2009），一般农药投入未包括在内。农业劳动力是从事种植业劳动者人数，而现有数据仅有第一产业从业人员，因此本章采用林毅夫（1994）使用的方法，以农业总产值占农林牧渔业总产值的比例对第一产业从业人员进行换算得到农业劳动力投入数量；土地投入以农作物播种面积衡量；化肥投入以化肥施用量（折纯量）衡量；农业机械投入以农业机械总动力来衡量；役畜数以年底役畜存栏头数衡量。1997~2010年各投入指标与碳排放平均值如表3-2所示。

表3-2　各省份1997~2010年农业投入指标与碳排放平均值

省份	碳排放	农业GDP	劳动力	机械动力	土地	化肥	役畜
北京	23.42	105.51	29.25	351.37	379.09	15.71	25.04
天津	30.81	106.26	39.96	592.44	508.91	20.64	36.06
河北	434.73	1294.64	854.20	8017.63	8830.26	290.91	841.51
山西	140.54	318.38	416.02	2078.94	3812.73	93.70	255.09

续表

省份	碳排放	农业GDP	劳动力	机械动力	土地	化肥	役畜
内蒙古	166.49	484.54	297.32	1855.98	6228.09	110.28	727.50
辽宁	178.96	671.77	300.59	1653.01	3765.16	119.71	455.37
吉林	205.45	533.78	284.33	1355.65	4722.42	137.21	563.44
黑龙江	227.42	760.94	483.46	2200.66	10369.88	150.06	566.80
上海	23.22	111.45	30.49	119.76	453.83	15.59	5.87
江苏	502.85	1390.30	690.66	3142.58	7733.21	337.47	65.99
浙江	138.58	657.83	418.10	2104.46	3061.55	92.71	33.96
安徽	420.56	900.26	969.11	3748.55	8923.89	281.30	418.74
福建	179.13	580.64	299.94	974.90	2560.02	120.31	98.67
江西	183.94	518.88	465.11	1759.55	5461.30	122.49	337.48
山东	667.24	2002.03	1242.33	8412.83	10920.84	447.44	912.61
河南	740.53	1802.10	1852.84	7266.57	13526.84	495.92	1350.29
湖北	424.79	996.84	650.89	1994.89	7459.24	284.49	388.24
湖南	301.38	1005.33	992.34	2965.43	7896.20	201.02	507.07
广东	302.19	1116.16	749.28	1862.18	4907.86	202.79	350.97
广西	284.13	730.86	792.23	1838.00	6160.33	189.90	701.88
海南	50.98	194.24	91.23	268.00	856.13	34.15	125.84
四川	449.60	1488.69	1687.03	2829.01	12960.81	299.55	1245.58
贵州	113.88	355.57	836.17	966.68	4668.14	75.42	730.74
云南	203.83	574.77	962.10	1623.09	5853.42	135.72	948.70
陕西	219.06	525.04	655.54	1332.75	4297.76	146.62	275.71
甘肃	108.91	375.59	527.88	1324.58	3766.71	72.33	579.96
青海	11.14	41.73	59.20	304.74	520.06	7.36	459.22
宁夏	43.73	86.43	89.47	507.12	1112.46	29.12	99.91
新疆	162.17	592.44	300.29	1078.12	3779.44	108.20	631.86

3.2.3 纳入环境因素的中国农业全要素生产率测算

利用29个省市面板数据①及GMLPI计算方法，对中国1997～2010年各省考虑碳排放的农业全要素生产率进行测算及分解，并与不考虑碳排放因素的

---

① 考虑数据的可获性与连续性，将重庆市数据合并至四川省，并剔除西藏自治区及港澳台地区。

Malmquist 指数进行比较。GMLPI 计算通过 Matlab 编程实现，Malmquist 指数由 Deap2.1 软件计算实现。

1. 全国农业 GMLPI 测算及分解

通过计算出中国 29 个省份 1997～2010 年期间逐年的农业 GMLPI 及其分解，由此得到全国年均 GMLPI 及其分解情况，如表 3-3 所示。1997～2010 年间，在不考虑农业碳排放因素时，Malmquist 指数均值为 1.065，年均增长 6.5%，而考虑农业碳排放因素时，GMLPI 年均增长下降为 1.9%，增长幅度有限。显然，碳排放因素显著影响农业生产效率增长水平的测算，不考虑碳排放因素的 Malmquist 指数严重高估了全国农业 TFP，无法真实体现我国整体农业粗放增长的现实状况。这一结果与库玛（Kumar，2006）发现发展中国家 ML 生产率指数一般都小于 Malmquist 生产率指数，主要由于经济发展水平较低情况下，技术进步通常会增加生产污染排放所致的结论一致。

表 3-3　全国农业 GML 与 Malmquist 指数及其分解（1997～2010 年）

年份	GML 指数	GMLTECH 指数	GMLEFFCH 指数	M 指数	MTECH 指数	MEFFCH 指数
1997～1998	0.969	0.967	1.004	0.993	1.016	0.977
1998～1999	1.024	1.055	0.972	0.962	1.024	0.940
1999～2000	0.992	0.984	1.012	0.970	0.984	0.986
2000～2001	1.003	1.002	1.002	1.023	1.017	1.007
2001～2002	1.003	1.016	0.988	1.017	1.056	0.964
2002～2003	0.999	1.024	0.976	0.998	1.084	0.921
2003～2004	1.033	1.062	0.976	1.180	1.216	0.970
2004～2005	1.003	0.989	1.019	1.023	1.014	1.009
2005～2006	1.016	1.012	1.006	1.070	1.071	0.999
2006～2007	1.028	1.019	1.010	1.148	1.104	1.039
2007～2008	1.043	1.034	1.009	1.117	1.087	1.027
2008～2009	1.020	1.058	0.965	1.078	1.133	0.952
2009～2010	1.121	1.082	1.037	1.317	1.201	1.097
平均值	**1.019**	**1.022**	**0.997**	**1.065**	**1.075**	**0.990**

进一步将 GMLPI 分解为技术进步指数与技术效率指数，发现技术进步年平均增长率为 2.2%，技术效率有所衰退，年平均下降率为 0.3%，可见，中国农业生产率的增长完全来源于农业技术进步。而技术效率总体衰退主要是因为早期的家庭承包责任制的制度绩效已释放殆尽，分散的经营方式无法充分满足现代农业发展需要。因此，从 2004 年开始，中央连续九个"一号文件"聚焦农业发展，一方面不断加大的资金投入与强调转变农业发展方式转变使得农业 TFP 与农业技术进步指数呈现出快速上升的势头，到 2010 年分别增长 12.1% 与 8.2%，是 1997~2010 年间的最高点；另一方面近年大力推进的农村土地流转适度规模化经营、户籍制度、农村劳动力转移等制度改革也已逐步扭转了我国农业技术效率衰退的趋势，与农业技术进步一起共同促进农业 TFP 增长。

2. 各省市农业 GML 指数测算及分解

表 3-4 显示，东、中、西三大地区的 GMLPI 都实现正增长，其中东部地区增长 2.5%、西部地区增长 1.5%、中部地区增长 1.4%，呈现东部地区>西部地区>中部地区的特征，并且中部地区与西部地区差异很小，但均与东部地区差异显著。从 GMLPI 分解情况看，三大地区技术进步指数均处于正向增长，推动农业 TFP 提升的动力源泉与全国保持一致，技术进步的作用效应都大于技术效率。除东部地区外，中、西部地区的技术效率都处于衰减状态。这不仅与东部地区经济发达省份多、地方财政充裕、管理制度相对先进、现代农业发展水平快速提高息息相关，而且也反映了中、西部地区原先基础差，底子薄，又多是粮食主产区与资源贫瘠地区，尽管得到中央政府大力扶持，但受限于地理环境与经济状况，农业 TFP 增长难追东部地区。

表 3-4　　　　　　　　各省市农业 GML 指数及其分解

地区	GML			M		
	GMLPI	GTE	GEC	M	MTE	MEC
北京	1.032	1.032	1.000	1.076	1.076	1.000
天津	1.006	1.024	0.982	1.035	1.054	0.982
河北	1.020	1.014	1.006	1.080	1.070	1.009
辽宁	1.020	1.016	1.004	1.067	1.074	0.994

续表

地区	GML			M		
	GMLPI	GTE	GEC	M	MTE	MEC
上海	1.023	1.023	1.000	1.069	1.069	1.000
江苏	1.036	1.036	1.000	1.109	1.100	1.008
浙江	1.028	1.020	1.008	1.099	1.085	1.013
福建	1.036	1.036	1.000	1.100	1.092	1.007
山东	1.022	1.013	1.008	1.092	1.084	1.008
广东	1.026	1.032	0.994	1.074	1.081	0.993
海南	1.030	1.030	1.000	1.078	1.080	0.998
东部地区	**1.025**	**1.025**	**1.000**	**1.080**	**1.079**	**1.001**
山西	1.017	1.013	1.004	1.074	1.060	1.013
吉林	1.010	1.015	0.995	1.057	1.094	0.966
黑龙江	1.013	1.018	0.994	1.042	1.066	0.977
安徽	1.010	1.013	0.996	1.049	1.073	0.977
江西	1.013	1.030	0.984	1.036	1.089	0.951
河南	1.009	1.014	0.995	1.064	1.076	0.989
湖北	1.015	1.040	0.977	1.056	1.091	0.968
湖南	1.023	1.016	1.007	1.071	1.068	1.003
中部地区	**1.014**	**1.020**	**0.994**	**1.056**	**1.077**	**0.981**
四川	1.020	1.034	0.986	1.055	1.087	0.970
贵州	1.011	1.032	0.980	1.028	1.077	0.954
云南	1.009	1.016	0.993	1.035	1.067	0.970
陕西	1.017	1.013	1.005	1.087	1.083	1.004
甘肃	1.023	1.016	1.007	1.079	1.060	1.018
青海	1.025	1.018	1.007	1.078	1.060	1.017
宁夏	1.013	1.012	1.001	1.069	1.065	1.004
广西	1.013	1.016	0.997	1.053	1.070	0.984
内蒙古	1.006	1.017	0.990	1.030	1.062	0.969
新疆	1.015	1.025	0.990	1.046	1.068	0.979
西部地区	**1.015**	**1.020**	**0.996**	**1.056**	**1.070**	**0.987**
全国	1.019	1.022	0.997	1.065	1.075	0.991

从具体省市来看，各省市 GMLPI 增长率都十分有限，只有江苏、福建、北京、海南四省农业 TFP 增长最高，达到 3% 以上，尤其值得注意的是 13 个粮食主产区中吉林、黑龙江、安徽、江西、河南、湖北、四川、内蒙古 8 个省 GMLPI 增长都在 2% 以内且技术效率呈衰减状况。比较 GMLPI 与 Malmquist 指数，各省市 GMLPI 均小于 Malmquist 指数，技术进步指数也均小于 Malmquist 指数的技术进步指数，这意味着无论是发达省份还是落后省份，可能都处于农业粗放增长阶段。事实上，在经济发展水平总体较低的情况下，技术进步往往表现为产出水平提高与能源消费增加，这种技术进步通常会增加农业碳排放，是不环保的。由此可见，我国转变农业发展方式，走可持续发展之路任重道远。

3.3 本章小结

本章分析了技术进步对转变农业发展方式重要的推动作用，并进一步利用 29 个省市面板数据及全局 Malmquist – Luenberger 生产率指数计算方法，对纳入环境因素下的中国 1997 ~ 2010 年农业全要素生产率进行测算及分解，得出如下结论：

第一，技术进步有利于创造新的农业生产价值，驱动农业发展方式转变。技术进步使农业增长由单纯的资源投入数量增长向资源生产效率提高转变；技术进步使农业增长由忽视生态环境向可持续发展转变；技术进步使农业产出模式从注重农产品数量扩张向农产品质量提升和结构优化转变。

第二，环境因素会显著影响农业生产效率增长水平的测算，不考虑环境因素的 Malmquist 指数严重高估了全国农业生产率，无法真实体现中国整体农业粗放增长的现实状况，GMLPI 年均增长为 1.9%，增长幅度有限，中国农业生产率的增长完全来源于农业技术进步。

第三，区域农业全要素生产率呈现东部地区 > 西部地区 > 中部地区的特征，各省市 GMLPI 均小于 Malmquist 指数，技术进步指数也均小于 Malmquist 指数的技术进步指数，这意味着无论是发达省份还是落后省份，可能都处于农业粗放增长阶段。

第 4 章

农户技术采用的经济机理与过程划分

目前,采用农业技术已突破了过去增产增收的单一直接目标,开始逐步向环境友好、资源节约等可持续农业发展方式转变,以实现农业发展与环境保护的双重目标。本章首先分析了农业发展方式转变过程中农户的主体作用,进而将环境约束纳入农户技术采用模型,考察农户技术采用行为的经济机理,最后提出一个基于过程的农户技术采用研究框架,为后续研究提供依据。

4.1 农户——农业发展方式转变主体的技术采用

中国农村经济社会及国家变动都可以从农户动机和行为中寻找内在逻辑(徐勇、邓大才,2006)。农业发展方式转变事关国家发展战略,其微观主体依然是农户。农业发展方式转变的核心要义在于通过科技进步与创新,在优化结构、提高效益、降低能耗、保护环境的基础上,做到农业高效快速的发展。实现农业发展方式转变是一项复杂的工程,要按照可持续发展的要求研究如何进行科技进步与创新,以解决农业生态环境承载力脆弱等问题,而这些问题的解决必须具体贯彻到农户的微观农业生产过程。因此,农户是农业生产的主体,是转变农业发展方式的主体,其行为影响着农业可持续发展。

从现实状况来看,农业环境污染、农业生产资料利用效率低下严重制约我国农业可持续发展,通过有效推广应用测土配方、秸秆还田、病虫害综合防治等先进适用技术,能够综合利用农作物废弃秸秆,减少资源浪费,有效解决滥施化肥农药造成的生态恶化、农产品有害物质超标等问题,从而提高农产品品质，实现农业资源环境与农民增产增收的良性循环。显然，农户作为农业技术的采用者与传播者，农业技术创新是否能够真正在微观层面得以有效应用将取决于农户自身，只有充分发挥农户的主观能动性，拥有一批具有长远发展眼光、较高科技素质、较强市场意识与生态环境保护意识的农户，才能推动农业可持续发展与环境保护双重目标的实现。

4.2 农户技术采用的经济机理分析

4.2.1 农户技术采用的理论模型

1. 模型构建及假设条件

农户通过自发选择及使用先进的农业科学技术，将其应用于利用自然及改造自然过程中，从而直接或间接获得收益（或效用），此类行为称为农户技术采用行为。即一般农户技术采用主要是在追求节约时间、缓减劳作强度、减少要素投入等基础上实现直接的增产增收。现阶段农业技术采用突破了过去增产增收的单一直接目标，开始逐步向环境友好、资源节约等集约型现代农业发展，以实现农业可持续发展的间接目标。基于农户技术采用阶段划分和劳动力配置理论，本章基于霍夫曼（Huffman，1991）、费尔南德斯和科尔内霍第（Fernandez & Cornejo et al.，2003，2004，2005）建立的农户决策模型，增加环境影响与技术采用，强调农户技术采用决策行为的实现机理，以期对本书后续研究提供理论依据。

在考虑技术采用变量的农户效用模型中，引入农户收入约束、技术约束、环境约束和劳动时间约束，完成农户家庭效用最大化问题的求解。设定农户效用目标函数 U(C，L，E，R)，其中，农户家庭效用受个体消费 C、个人休闲时间 L、农业生态环境质量 E、其他外生变量 R（如气候、农户的一般特征等）等影响。环境质量 E_t 进入效用函数，效用伴随消费的增加而增加 $\frac{\partial U}{\partial C} > 0$，伴随休闲时间的增加而增加 $\frac{\partial U}{\partial L} > 0$，伴随环境质量的提高而增加 $\frac{\partial U}{\partial E} > 0$。

现实生活人们对气候恶化、环境整体质量下降有直观感受，因此选择存量概念的农业生态环境质量 E_t，而不是流量概念的污染排放。具体约束条件如下：

收入约束：$P_C C = P_Y Y - W_X X + WF + S$ (4-1)

技术约束：$Y = Y[X(\theta), N(\theta), E(\theta), \theta]$ (4-2)

环境约束：$E = E[E_0, X(\theta), \theta, R]$ (4-3)

时间约束：$T = L + F + N(\theta)$ (4-4)

其中，收入约束表达的是农户家庭总收入包括农产品总产值（总产出 Y × 农产品价格 P_Y）、非农务工收入（非农务工时间 F × 非农务工工资 W）和其他收入 S（如利息、红利等），总收入可以用于多种支出，包括农户商品服务支出（商品服务数量 C × 商品服务价格 P_C）和农产品生产投入要素成本（各类投入生产要素数量 X × 各类投入生产要素价格 W_X，投入要素类似化肥、机器设备、能源等），收入约束假设农户储蓄为零。

技术约束表达的是农产品产出表现为投入物质生产要素 X、务农劳动投入时间 N、农业生态环境 E 和农业技术采用程度 θ 等特定组合。技术约束实质上反映的是生产函数，假设农业生产函数是递减的增函数，即对 $Y = Y[X(\theta), N(\theta), E[\theta], \theta]$，假设某一种要素投入为 0，则产出为 0。满足 $Y'_X(\cdot) > 0$、$Y'_N(\cdot) > 0$、$Y'_E(\cdot) > 0$；$Y''_X(\cdot) < 0$、$Y''_N(\cdot) < 0$、$Y''_E(\cdot) < 0$、$Y''_{X,N}(\cdot) > 0$、$Y''_{X,E}(\cdot) > 0$、$Y''_{N,E}(\cdot) > 0$。这些条件保证了边际物质要素产出、边际务农劳动投入产出及边际环境产出为正且递减，同时物质要素、务农劳动与农业生态环境质量之间彼此呈现互补关系。同时农业生产函数符合稻田条件，即 $\lim_{X \to 0} Y'_X(\cdot) = \infty$，$\lim_{X \to \infty} Y'_X(\cdot) = 0$；$\lim_{N \to 0} Y'_N(\cdot) = \infty$，$\lim_{N \to \infty} Y'_N(\cdot) = 0$；$\lim_{E \to 0} Y'_E(\cdot) = \infty$，$\lim_{E \to \infty} Y'_E(\cdot) = 0$。而生产函数中所有影响因素皆受农户技术采用程度 θ 影响。

环境约束表达的是农业生态环境质量受投入物质生产要素 X、农户技术采用程度 θ 和外生变量气候因素等共同作用；环境质量高低作为存量变量必须考虑初始状态 E_0。假设环境质量函数是关于物质投入要素的递增减函数、关于技术采用的递减增函数，即满足 $E'_X(\cdot) < 0$、$E'_\theta(\cdot) > 0$。假设实现农业可持续技术，则技术采用程度提高会降低物质投入要素数量，因此可简化为 $E'_\theta(\cdot) > 0$。例如化肥施用量影响土壤结构平衡和农业多样性、机器设备及能源使用量影响农业碳排放计算等；与此同时利用测土配方、病害虫综合管理等技术能有效减少对化肥、农药与杀虫剂等的依赖，提高利用效率。

时间约束表达的是农户个人总时间可分为休闲时间、务农劳动时间及非务农劳动时间。

2. 模型求解及结果分析

模型最优规划目标是使所有农户在当今及未来的社会效用现值最大化,也就是在收入、技术、环境和时间约束下,通过选择合适的路径使跨期效用最大化。理性的农户通过个人行为决策(如技术采用程度),一方面努力保持农产品增长以满足其日益增长的物质消费;另一方面实现对农业生态环境变化维护监督,从而保证整体效用的最大化,这是一种帕累托最优均衡。由此建立目标函数为:

$$\max \int_0^\infty U(C,L,E,R) e^{-\rho t} dt \qquad (4-5)$$

其中,ρ 为跨期效用的时间贴现率,是一种主观贴现率,表示若放弃当前消费、减少个人休闲时间、降低当前环境质量需要承担的总效用的损失率。此时,$e^{-\rho t}$ 是贴现因子,是一种复利贴现的表示。ρ 值越大,当前或近期效用的重要性越大。在条件式(4-1)、式(4-2)、式(4-3)、式(4-4)约束下,实现代表性农户一生的效用现值最大化。利用最优控制理论,建立关于消费及休闲时间的拉格朗日函数,求解最优路径。

$$H = U(C, L, E, R) + \lambda[P_Y Y(X(\theta), N(\theta), E[\theta], \theta) \\ - W_X X + WF + S - P_C C] + \mu[T - L - F - N(\theta)] \qquad (4-6)$$

利用库恩—塔克(Kuhn - Tucker)条件,求得各变量最优化的一阶条件(FOC):

$$\frac{\partial H}{\partial X} = \lambda\left(P_Y \frac{\partial Y}{\partial X} - W_X\right) = 0 \qquad (4-7)$$

$$\frac{\partial H}{\partial N} = \lambda P_Y \frac{\partial Y}{\partial N} - \mu = 0 \qquad (4-8)$$

$$\frac{\partial H}{\partial F} = \lambda W - \mu \leq 0 \quad F \geq 0 \quad F(\lambda W - \mu) = 0 \qquad (4-9)$$

$$\frac{\partial H}{\partial C} = \frac{\partial U}{\partial C} - \lambda P_Y = 0 \qquad (4-10)$$

$$\frac{\partial H}{\partial L} = \frac{\partial U}{\partial L} - \mu = 0 \qquad (4-11)$$

$$\frac{\partial H}{\partial E} = \frac{\partial U}{\partial E} + \lambda P_Y \frac{\partial Y}{\partial E} = 0 \qquad (4-12)$$

$$\frac{\partial H}{\partial \theta} = \lambda \left\{ P_Y \left[\frac{\partial Y}{\partial X} \cdot \frac{\partial X}{\partial \theta} + \frac{\partial Y}{\partial N} \cdot \frac{\partial N}{\partial \theta} + \frac{\partial Y}{\partial E} \cdot \frac{\partial E}{\partial \theta} + \frac{\partial Y}{\partial \theta} \right] - W_X \frac{\partial X}{\partial \theta} \right\} - \mu \frac{\partial N}{\partial \theta} \leq 0 \quad \theta \geq 0 \qquad (4-13)$$

$$P_Y Y(X(\theta), N(\theta), E[\theta], \theta) - W_X X + WF + S - P_C C = 0 \qquad (4-14)$$

$$T - L - F - N(\theta) = 0 \qquad (4-15)$$

根据式（3-8）、式（3-11）可认定农户存在最优务农劳动时间和闲暇休息时间，再根据式（4-9）确定农户的最优非务农劳动时间：

$$W \leq \frac{\mu}{\lambda} = P_Y \frac{\partial Y}{\partial N} \qquad (4-16)$$

一方面利用式（4-10）、式（4-11）推导知 $\frac{\mu}{\lambda}$ 可表示为农户闲暇休息与商品服务性消费之间的影子价格之比，$P_Y \frac{\partial Y}{\partial N}$ 表示农户务农劳动的边际产值。其中，式（4-16）左式中若不等号成立，形成拐点解，即 $F^* = 0$，表明非务农劳动时间应为零，农户总时间应在务农劳动和闲暇休息之间合理分配；若等号成立，形成内点解，即 $F^* > 0$，此时农户务农劳动的边际产值应与非务农劳动报酬相当，满足 $W = P_Y \frac{\partial Y}{\partial N}$。另一方面利用式（4-9）、式（4-10）、式（4-11）直接可得农户商品服务性消费与闲暇休息之间的边际替代率 $\frac{\partial U}{\partial C} \big/ \frac{\partial U}{\partial L}$ 等于非务农劳动报酬与商品服务消费价格的比率 $\frac{W}{P_C}$。

根据非务农劳动报酬决定农户务农劳动的边际产值的内点解原理，直接根据式（4-8）求解农户务农劳动时间的需求函数，即 $N^* = N(W, P_Y, \theta, E_0)$；根据式（3-7）求解农户物质生产要素需求函数，即 $X^* = X(W, W_X, P_Y, \theta, E_0)$。第一，将二者代入技术约束方程可获得农产品供给函数，即 $Y^* = Y(W, W_X, P_Y, \theta, E_0)$。第二，将最优农产品供给量代入收入约束方程可得最优净收入，即 $NI^* = S + WF + P_Y Y(W, W_X, P_Y, \theta, E_0) - W_X X(W, W_X, P_Y, \theta, E_0)$；此时结合式（4-9）、式（4-10）、式（4-11），可求出最优闲暇休息的需求函数 $L^* = L(W, P_C, NI^*, \theta, R)$ 以及最优农户商品服务消费的需求函数 $C^* = C(W, P_C, NI^*, \theta, R, T)$。第三，将最优闲暇及务农劳动需求函数代入时间约束得最优非务农劳动时间 $F^* = F(W, W_X, P_C, P_Y, NI^*, \theta, R)$。

根据式（4-10）、式（4-12）可得农户商品服务性消费与环境质量感受之间的边际替代率 $\dfrac{\partial U}{\partial C} \Big/ \dfrac{\partial U}{\partial E}$ 等于边际环境产出产值与商品服务消费价格的比率 $-\dfrac{P_Y \partial Y}{P_C \partial E}$。此时比率为负值，表明商品服务消费与环境质量对农户效用而言是替代关系，这也与现阶段农业生产现状相符，农户在追求高产出、高收入、扩大消费的发展模式上，忽视了农业生态环境质量的恶化进程。

上述分析中农户技术采用程度 θ 贯穿于所有最优求解过程，利用式（4-13）对其分析。对式（4-13）进行简化，得 $P_Y \dfrac{\partial Y}{\partial \theta} - W_X \dfrac{\partial X}{\partial \theta} - \dfrac{\mu}{\lambda} \dfrac{\partial N}{\partial \theta} \leq 0$，消除影子价格参数可得：

$$P_Y \frac{\partial Y}{\partial \theta} - W_X \frac{\partial X}{\partial \theta} - P_C \left(\frac{\frac{\partial U}{\partial L}}{\frac{\partial U}{\partial C}} \right) \frac{\partial N}{\partial \theta} \leq 0 \qquad (4-17)$$

其中，第一项表示农户技术采用的边际收益，第二项表示农户技术采用影响下的物质生产要素边际成本，第三项表示农户技术采用影响下的务农劳动边际成本。其中边际收益包括技术采用的物质投入要素产出边际收益、技术采用的务农劳动产出边际收益、技术采用的环境产出边际收益以及纯技术进步产出边际收益。此时取拐点解时（不等号成立），农户技术采用的边际收益小于边际成本；取内点解时（等号成立），农户技术采用的边际收益等于边际成本。

4.2.2 农业可持续生产技术进步机理

新古典经济学和传统的发展经济学认为农业发展主要依赖于一国的资源禀赋状况，农业技术作为农业发展经济制度的外生变量，独立于其他发展过程。而农业技术创新发展是伴随着人类科学知识的进步和技术更新换代的产物。速水佑次郎和拉坦（1971）的研究表明了一国农业增长选择怎样的技术进步道路取决于该国的资源禀赋状况。对于如美国那样土地资源丰富而劳动力稀缺的国家而言，选择机械技术进步的道路是最有效率的；对于如日本那样土地资源稀缺而劳动力丰富的国家而言，选择生物化学技术进步的道路是最佳的。速水佑次郎认为，一国（地区）人们追求效益最大化的理性选择必然产生其应对资源禀赋变化与需求增长的一种动态反应，即农业技术发展变化。

由于可持续农业技术主要应用目的是资源节约及环境友好。因此，借鉴速水佑次郎－拉坦模型，反映如何通过可持续农业技术进步加以消除由于无弹性的环境生态供给给农业发展带来的制约。利用图4－1描述与可持续农业技术相联系的资源环境要素之间的替代及互补特性。

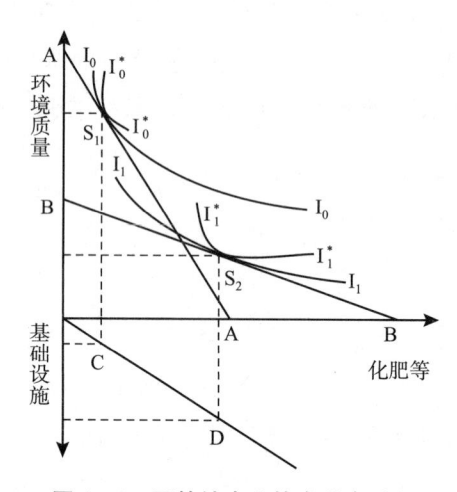

图4－1 可持续农业技术进步过程

图4－1中，$I_0^* I_0^*$曲线代表初始的创新可能性曲线，是一组相对无弹性的单位等产量曲线的包络线，等产量线对应不同农作物种类、土壤特质和劳动力耕种习惯等（如不同类型的可持续农业技术对应的等产量曲线）。当资源利用相对农业生态环境之间的社会价格在某个时点为AA时，由$I_0 I_0$表示的某种技术（如测土配方技术）被发明（或被采用），最小成本均衡点即为S_1点。此时农业投入的化肥使用量、农业基础设施（如排水灌溉系统）、农业生产环境之间实现最优组合。此时可持续农业技术要求单位农业化肥投入不会造成农业环境质量的恶化，会带来更持久稳定的农业生产环境及更完善的农业基础设施发展。创新可能性曲线变化至$I_1^* I_1^*$时，假定此阶段出现农业生产环境日益恶化，此时化肥—环境价格从期初的AA下降到当前的BB，引发了另一种可持续农业技术$I_1 I_1$的发明或采用，最小成本均衡点即为S_2点。下降的均衡价格一方面有利于减少农业化肥投入量；另一方面缓解农业生态环境恶化趋势，提升环境

质量，实现环境友好发展。环境质量与化肥使用之间呈现替代关系，即更佳的农业生态环境、更低的化肥使用量、更少的农业碳排放。同时农业化肥使用与农业基础设施之间存在互补关系，用直线CD表示，描述二者间的组合关系。

4.3 农户技术采用的过程划分：从采用行为到持久采用意向

如果一个事物对个体来说看起来是新的，那么它就是一个创新（Rogers，1962），就农户技术采用而言，各项农业新技术层出不穷，尤其是在通过适当的资源整合与科学管理可使发展中国家的传统农业转变为可持续发展农业（Dale Machell，2009）这一发展目标的指引下，近年大力推广的能够实现投入产出最优化的同时降低对资源消耗的农业可持续生产技术更是如此。由此可见，农业技术实质就是一项持续不断的创新产品或服务。

4.3.1 个体采纳过程的主流模型

行为学与心理学的相关研究分析个体采纳过程实质是一个连续性且多阶段的过程。但目前多数农户技术采用研究都集中在对于具体单项技术的采用上，较少从个体采纳过程的角度系统地对农户技术采用进行全过程分析。本节通过分析个体采纳过程的三个主流模型，对农户技术采用过程进行阶段划分，以此更清晰地理解与分析农户采用技术的影响因素。

1. 象征性采纳过程模型

象征性采纳过程模型于1970年由科隆兰和科沃德（Klonglan & Coward）提出，他们认为个体在尝试一项创新前必须首先在观念与思想上接受。具体过程为：个体在认知一项创新的信息时，会在思想上对该创新的属性、特征等信息进行吸收处理，在此过程完成后将评价这一创新，继而从心理上形成是否接受采纳该创新的结论，并由此可能导致真正采纳该创新。总体而言，象征性采纳过程模型可以归纳为经过对创新的认知和评价，形成个体象征性的采纳或象征性的拒绝，即"认知—信息—评价—象征性采纳（或拒绝）"这一过程。在象征性采纳之后就进入"尝试"阶段,"尝试"阶段也包括尝试接受与尝试拒绝两个选择,因此,从象征性采纳到"尝试"阶段表现为两种可能的选择:一种选择是在象征性接受该创新后,种种原因导致可能不愿意或无法进行尝试使用;另一种选择是根据可获得信息,个体做出该创新是否适合自身的评价,进而可能象征性拒绝该创新(如图4-2所示)。

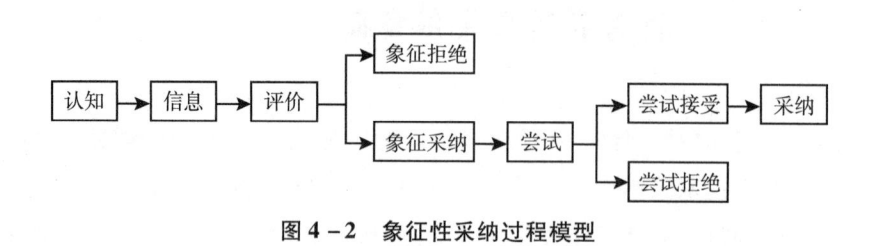

图4-2 象征性采纳过程模型

2. Spence 采纳过程模型

Spence 模型与 Klonglan 和 Coward 的象征性采纳过程模型相似,也包含了认知、兴趣(信息)、评价三个阶段(Spence, 1994)。有所不同的是该模型在"尝试"阶段之后加入了个体对创新满意的判断。"满意"阶段可被看作是象征性采纳过程模型中"尝试"到"尝试接受"的一个心理过程。若个体尝试后的感觉满意就后进一步采纳创新,如不满意则拒绝,继而寻找其他相关替代的创新重新进行评价,由此进入对其他创新的采纳过程。如图4-3所示,Spence 采纳过程模型提出个体采纳是一种尝试后的行为,需要在经过是否满意的判断后再做出采纳或拒绝的决策。可见,该模型与象征性采纳过程模型一样,也没有考虑个体采纳后的持续使用行为。

图4-3 Spence 采纳过程模型

3. Rogers 创新决策过程模型

罗杰斯提出了著名的创新扩散理论。如图4-4所示,他认为个体采纳创新的过程是一个从最初的认知到最终确认的完整过程。基于技术推广者的角度，罗杰斯将创新决策过程分为五个连续的阶段，即认知阶段、说服阶段、决策阶段、实施阶段和确认阶段。认知阶段为接触创新并理解创新如何运作；说服阶段为形成有关创新的态度，包括积极的与消极的态度；决策阶段为个体最终确定采用或拒绝的一项创新活动；实施阶段为持有积极态度的个体对创新的实际使用；确认阶段实质是对决策阶段进行重新评价的行为，如个体实施后对所获得信息心理无法接受，可以推翻上次决策，从而停止已采纳的创新的持续采用。可见，Rogers 创新决策过程模型中的确认阶段包括了 Klonglan & Coward 模型与 Spence 模型没有包括的采纳后的持续使用行为。

认知 → 说服 → 决策 → 实施 → 确认

图 4-4 Rogers 创新决策过程模型

以上三个研究个体采纳过程主流模型表明对于个体采纳过程的阶段划分在学术界还未形成一致的标准，并且在个体采纳过程对于各阶段的概念也存在不同程度的冗余与重叠，甚至容易产生概念误解。如 Spence 采纳过程模型加入了"满意"阶段，但这种是否满意的判断仅是针对"尝试"阶段后的即时判断，即象征性采纳过程模型中的"尝试"到"尝试接受"过程的判断。而这一过程与 Roger 创新决策过程模型中的确认阶段存在明显不同，确认阶段是在个体采纳后的重新评价。鉴于个体采纳过程中在不同阶段心理上存在差异，本节将借鉴这些研究模型，根据农业技术的相关研究与具体特征对农户技术采用的过程进行界定。

4.3.2 农户技术采用的过程划分：从采用行为到持久采用意向

对比分析上述三个模型，并结合农业技术采用的具体特征，可以看出农户技术的整个采纳过程大致可分为农户技术采用行为与农户技术持续采用（或持久采用，下同）两大阶段。在农户技术采用行为阶段，需要农户认识到这种技术创新，并产生接受的信念，进而做出是否采用此类技术的决策；采用后进入农户技术持续采用阶段，即进一步对技术做出评价，这一最后阶段为农户技术的实际采用过程中是否相对满意，进而愿意持续采用。鉴于目前农户技术采用的实证研究均是利用问卷调查方式获取截面数据，本研究也是基于实地调研数据并且相关农业技术已进行推广应用，因此借鉴相关研究成果，运用农户技术的持续采用意向来衡量农户技术的持续采用。

促使农户采用农业技术是首要问题。但在实际使用后，如果农户采用一项技术后，经过评价没有了持久采用意向，可能很大程度上是由于受到采用过程中负面信息的影响导致技术创新难以持续发挥正常作用。因此，如何提高农户的持续采用意向将决定技术创新的目标与潜在利益是否得以真正实现。目前，对于农户技术采用后情况的研究较为缺乏，其技术采用前后的影响因素存在差异，如一概而论就很难对农户技术采用问题有全面地理解与把握——究竟有哪些因素影响农户是否进行技术采用？又有哪些因素影响农户对技术采用后的持续采用意向？只有农户采用技术，持续采用才成为可能，也只有持续性的采用，技术创新的目标与潜在利益才能得以真正实现。显然，缺失农户技术持续采用意向的这一农户技术采用重要阶段的分析将导致研究结论的针对性与有效性不足。

目前，对于技术采用后行为的相关研究主要体现在信息技术的采用研究上。如基于期望确认理论，巴特查里亚（Bhattacherjee，2001）对网上银行用户持续使用意愿进行实证分析。艾伯特林等（Hayashi et al.，2004）研究电子学习系统的持续使用意愿；林等（Lin et al.，2005）研究门户网站的持续使用意向；萨布丽娜等（Sabrina et al.，2006）研究知识管理系统的持续使用行为；基于技术接受模型，格芬（Gefen，2003）对学生的B2C网上购物进行研究。陈和陆（Chan & Lu，2004）验证香港地区用户采纳和持续使用网上银行的影响因素。奈杜和伦纳德（Naidoo & Leonard，2007）改进TAM模型，构建了一个电子服务的持续使用模型。基于创新扩散理论，帕塔萨拉蒂和巴特查里亚（Parthasarathy & Bhattacherjee，1998）研究用户对在线服务的采纳后行为。卡拉汉那等（Karahanna et al.，1999）运用DOI理论研究用户采纳和持续使用之间的区别。施红平（SHIH，2008）通过引入新的创新特征变量，构造理论模型来实证研究某中文门户网站的持续使用行为。此外，还有学者借鉴互动理论（Lee et al.，2007）、社会交换理论（Kim & Son，2009）就信息技术持续采用进行了分析。国内相关研究主要借鉴国外成果，并结合我国信息技术与服务的发展实践，对视频、社交、政府、互联网网站（杨小峰、徐博艺，2009；刘莉，2012；刘勃勃、左美云；2012；朱多刚，2012；孙建军等，2013；刘人境、柴婧，2013)、移动商务服务(刘鲁川等，2011；肖怀云，2011；陆敏玲，2012；徐国虎等，2013)、网上银行(刘刚、黄苏萍，2010)、企业基层员工信息技术(孙霄凌等，2013)的用户持续采用意向进行了实证研究。

综上所述，本研究认为农户技术采用包括农户技术采用行为、农户技术持续采用两个相对独立的阶段，但在理论与过程上这两阶段又是相互联系。考虑到目前农户技术采用的实证研究都是利用问卷调查方式获取横截面数据，本书也是基于实地调研数据并且相关农业技术已进行推广应用，因此借鉴上述研究成果，运用持续采用意向来衡量农户技术的持续采用，主要关注农户对技术采用后的评价，进而最终决定是否愿意继续采用。

4.3.3 基于过程的农户技术采用研究框架

在本书后续第6章、第7章的研究中，将根据相关研究结论，分析在农户技术采用行为的过程中，个体特征、家庭特征、信息可获性、技术环境特征、农户环境认知这五方面影响因素是如何作用影响农户技术采用行为，从而进入持续使用阶段的？进一步，若农户采用技术后，经评价没有再次使用的意向，可能很大程度上是受到采用过程中评价的负面影响导致技术难以持续发挥有效作用。本节以农户技术采用行为与持续采用意向阶段为基础，分析影响农户技术采用的不同阶段，继而分析各个阶段的影响因素。为此，本书提出一个基于过程的"从采用行为到持久采用意向"的农户技术采用研究框架，如图4-5所示。农户技术采用行为阶段研究影响农户技术采用行为的因素，农户技术持续采用意向阶段探讨农户对技术持续采用意向的影响因素。

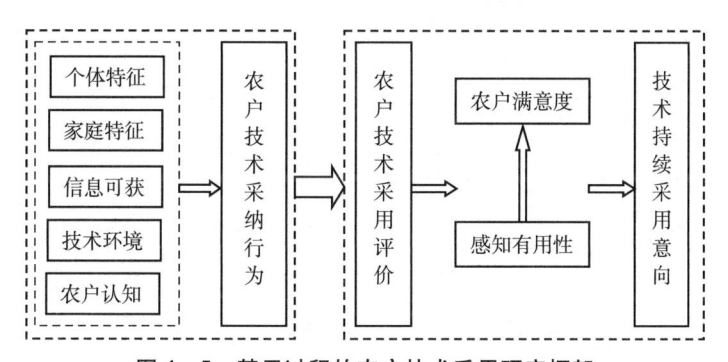

图4-5 基于过程的农户技术采用研究框架

相关研究表明农户技术采用行为受到个体特征、家庭特征、信息可获性、技术环境特征、农户环境认知中多个因素的影响，理论假设与基于安徽省农户可持续生产技术调研数据的实证分析将在本书第 6 章中展开。

在农户技术持续采用意向阶段，农户已经拥有技术的采用经验且对其有了重新评价，这一阶段研究主要集中于如何构建农户技术采用评价、农户的技术感知有用性与农户满意度的理论关系，从而提高农户的持续采用意向。具体理论与实证分析将在本书第 7 章中展开。

4.4 本章小结

农户作为转变农业发展方式的主体，其技术采用行为影响着农业可持续发展。在将环境约束纳入农户技术采用模型，考察农户技术采用行为的经济机理的研究中发现：农户在追求高产出、高收入、扩大消费的发展模式上，忽视了农业生态环境质量的恶化进程；而农户采用技术的边际收益等于边际成本。由于可持续农业技术的资源节约及环境友好特性，因此，通过可持续农业技术进步能够消除环境生态供给农业发展带来的制约。

通过对个体采纳过程模型的对比分析，表明农户对技术整个采纳过程总体可分为两个阶段：农户技术采用行为、农户技术持续采用，即对农业技术的采用首先需要农户做出是否采用此类技术的决策，采用后进入农户技术持续采用阶段，这一阶段为农户技术的实际采用过程中是否相对满意，进而愿意持续采用。利用问卷调查方式获取截面数据的相关实证研究，运用农户技术的持续采用意向来衡量农户技术的持续采用。

第 5 章

中国水稻生产技术采用状况与调研选择

本章首先介绍中国水稻总体生产与技术采用状况,包括全国水稻生产现状、水稻生产技术总体采用情况与安徽省水稻生产现状,然后从调研区域选择、调研内容以及样本数据基本信息描述等方面说明本研究的数据来源情况。

5.1 中国水稻生产技术采用状况

5.1.1 中国水稻生产现状

水稻作为中国最主要的粮食作物之一,其播种面积、总产与单产均居粮食作物首位,从事稻作生产的农户接近农户总数的50%,全国有65%以上的人口以稻米为主食(谭淑豪等,2006)。中国水稻产区主要分布在长江中下游的湖南、湖北、江西、安徽、江苏,华南的广东、广西、福建以及东北三省,形成明显的南方稻区和北方稻区。常年水稻种植面积为28600千~30000千公顷,种植面积超过100万公顷的省份有11个,包括黑龙江省、江苏省、浙江省、安徽省、江西省、湖北省、湖南省、广东省、广西省、四川省和云南省。这11个水稻主产省的播种面积为23970千公顷,占全国水稻总面积的81.8%。

水稻生产在中国粮食生产中占有不可替代的地位。几十年来,依靠科技进步、农民生产的积极性和改革开放带来的良好政策环境，中国在粮食生产和其他食品生产上取得了相当大的成就。然而，不可否认，中国人口多、粮食安全基础比较脆弱的现实国情决定着未来随着工业化、城镇化的快速发展与人民生活水平的提高，粮食消费需求将进一步增长。在资源环境约束日益突出的背景下，中国保障粮食安全面临着严峻的挑战。因此，稳步提高粮食作物中水稻的综合生产能力是农业发展的长期战略目标。

如图5-1、图5-2所示，1990~2012年，我国水稻种植面积呈现出整体波动下降的趋势。从1990年的33064千公顷到2003年逐年降至26508千公顷，比1990年减少6557千公顷。同时，水稻产量也降至最低，由1990年的18933万吨降至16066万吨，减少产量2867万吨。从2004年以后，国家连续出台十个"一号文件"，以保障粮食安全与农民增收为核心，通过加大农业投入、建立直接补贴制度、最低价收购粮食、减免税收等一系列政策措施，调动了农民种稻的积极性，粮食生产也实现"十连增"。到2012年，水稻播种面积已达到30137千公顷，与2003年相比，增加了3629千公顷；水稻产量也达到了20424万吨，比2003年增产4358万吨。与水稻种植面积相一致，水稻种植面积占粮食作物总播种面积比重也呈现出整体波动下降的趋势，从1990年的29.14%降至2003年的26.67%，2004年后开始回升，基本稳定在27%以上。虽然水稻产量在2003年后稳步上升，但水稻产量占粮食作物产量比重呈现出了逐年下降的趋势。

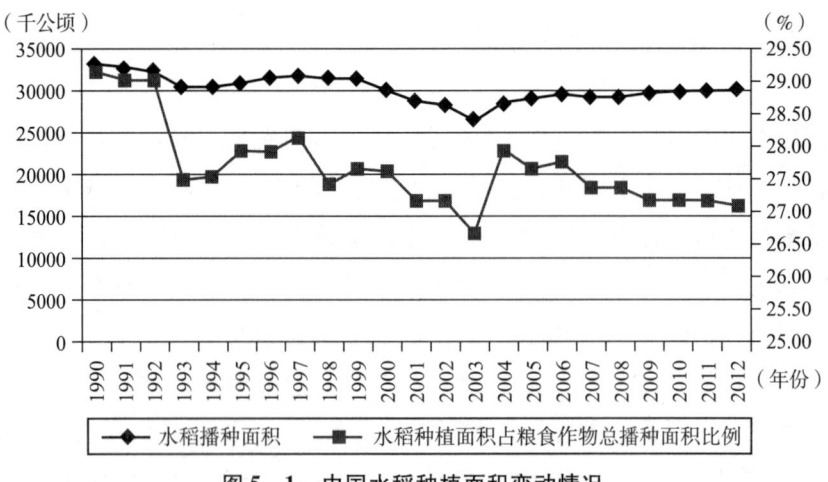

图5-1 中国水稻种植面积变动情况

资料来源：历年《中国统计年鉴》。

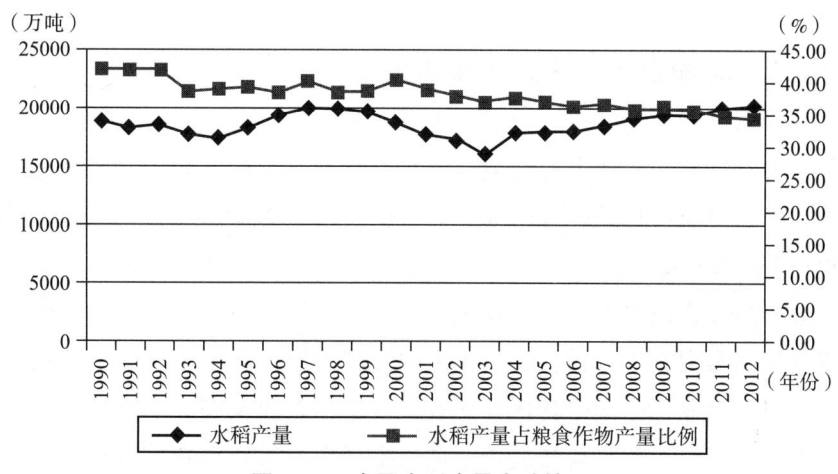

图 5-2 中国水稻产量变动情况

资料来源：历年《中国统计年鉴》。

从水稻单产来看（如图 5-3 所示），1990~2012 年，我国水稻单产虽然略有起伏，但整体上呈波动上升趋势。2012 年的单产达到 6.78 吨/公顷，比 1990 年 5.73 吨/公顷增长了 18.32%，这主要得益于国家不断加大农业科技投入，广泛推广应用各种良种、高产栽培、水肥管理等科学的种植技术。而在水稻种植面积减少的趋势下，水稻单产提高有力地保障了水稻产量的稳步提升。因此，在有限的土地基础上，提高水稻单产水平已是当务之急。

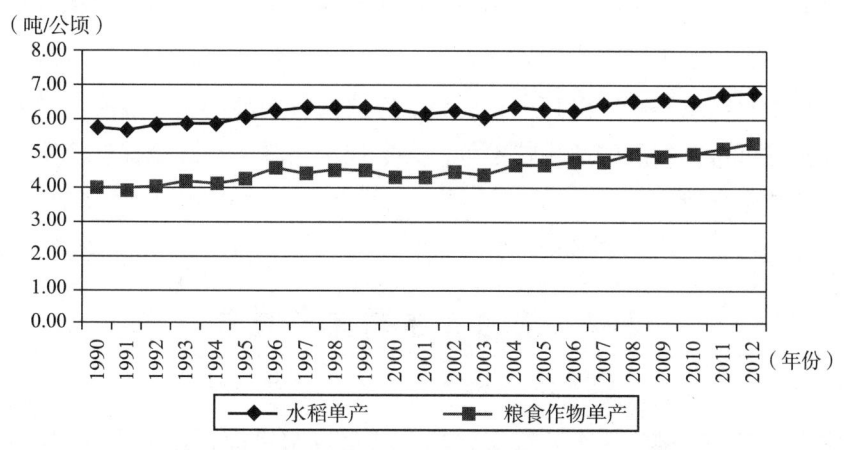

图 5-3 中国水稻单产及粮食作物单产变动情况

资料来源：历年《中国统计年鉴》。

5.1.2 中国水稻生产技术采用状况

科学技术是第一生产力，农业科学技术水平决定着农业生产力水平。近几年，随着国家对农业科技投入的加大，农业科技进步速度加快，农业科技贡献率以年均1%的速度增长，2013年我国农业科技进步贡献率达55.2%，超过了土地、劳动力和物质要素投入的贡献份额，农业发展已逐步由土地、劳动力和物质要素推动为主进入以科技推动为主的关键阶段。目前，我国科技创新能力和整体水平与世界发达国家相比存在较大差距，农业发展又受到资源与环境的双重约束，未来唯有依靠科技进步，加快推进农业科技创新这一重要支撑才能实现农业可持续发展。

农户是农业生产的主体，农业科技创新只有在农户生产中推广应用才能真正转化为现实生产力。就水稻生产而言，常用的生产技术主要有高产优质品种技术、高产栽培技术、施肥技术、病虫害防治技术、机械化技术、保护性耕作技术、节水灌溉等几大类技术。近年来，在实施农业可持续发展战略的指引下，各地以全面实施秸秆还田，改善土壤地力；普及无公害技术，提高稻米品质；应用节氮减排技术，减轻面源污染为目标，大力创新农业可持续发展技术。与此同时，为了帮助农户选择先进适用技术，推动农业科技进村入户，全面提升农户科技水平，农业部强化稻作科技创新集成与推广应用，大力推进各项关键措施落实，深入开展技术指导与服务在全国推广应用各类成熟度高、适应性广、具有一定推广规模的先进技术，如主要农作物先进、高效、适用的综合栽培技术及病虫草害防治技术；有利于农业资源循环利用、节本增效和生态环境保护等可持续发展的适用技术等，为实现水稻增产与环境保护双重目标提供良好的技术支持。

5.2 安徽省水稻生产现状

华中单双季稻稻作区东起东海之滨，西至成都平原西缘，南接南岭山脉，北毗秦岭、淮河。包括江苏、上海、浙江、安徽、湖南、湖北、四川、重庆省（市）的全部或大部，以及陕西、河南两省的南部，属亚热带温暖湿润季风气候。稻作常年种植面积约1830万公顷，占全国稻作面积的61%。

安徽省是我国中东部地区内陆省份，介于东经114°54′~119°37′，北纬29°41′~34°38′之间，地貌以平原、丘陵和低山为主。全省东西宽约450公里，南北长约570公里。全省分成淮河平原区、江淮台地丘陵区、皖西丘陵山地区、沿江平原区、皖南丘陵山地五个地貌区，在气候上属暖温带与亚热带的过渡地区，自然条件优越，气候温暖湿润，四季分明。全省年平均气温在14~17℃之间，平均日照1800~2500小时，平均无霜期200~250天，平均降水量800~1800毫米。

安徽省是农业大省，我国粮食主产区。在水稻生产上，地处华中单双季稻稻作区的安徽省是我国水稻优势主产省，表5-1、图5-4显示，在2000年，安徽省的水稻种植面积与水稻总产量分别占全国的7.47%、6.50%，达到2237千公顷、1222万吨。至2012年，安徽省水稻种植面积为2215千公顷，虽然有所下降，但水稻产量增加到1394万吨，分别占全国的7.35%、6.83%。与全国一致，2000~2003年，安徽省水稻种植面积和稻谷总产量也呈现大幅波动，其中在2001年，安徽省水稻种植面积与稻谷总产量下降至1950千公顷、1174万吨；2003年，则为1972千公顷、964万吨。2003年水稻产量降至最低点。总体而言，安徽省水稻种植面积与水稻产量相对较为稳定，基本维持在2000千公顷与1300万吨之上，占全国的比例约7%。

表5-1　　　　　　　　　　　　水稻种植情况

年份	水稻播种面积（千公顷）			水稻产量（万吨）		
	全国	安徽	比重（%）	全国	安徽	比重（%）
2000	29962	2237	7.47	18791	1222	6.50
2001	28812	1950	6.77	17758	1174	6.61
2002	28202	2044	7.25	17454	1328	7.61
2003	26508	1972	7.44	16066	964	6.00
2004	28379	2130	7.51	17909	1292	7.21
2005	28847	2149	7.45	18059	1251	6.93
2006	29295	2165	7.39	18257	1307	7.16
2007	28919	2205	7.62	18603	1356	7.29
2008	29241	2219	7.59	19190	1384	7.21
2009	29627	2247	7.58	19510	1406	7.21

续表

年份	水稻播种面积（千公顷）			水稻产量（万吨）		
	全国	安徽	比重（%）	全国	安徽	比重（%）
2010	29873	2245	7.52	19576	1383	7.06
2011	30057	2231	7.42	20100	1387	6.90
2012	30137	2215	7.35	20424	1394	6.83

资料来源：历年《中国统计年鉴》。

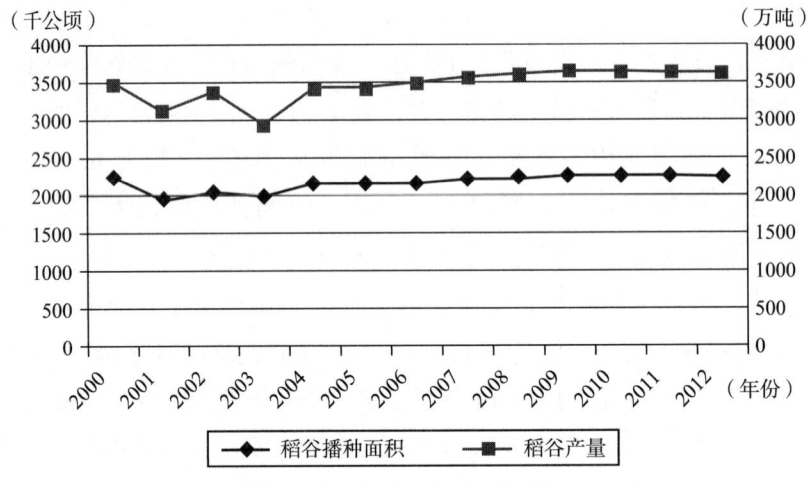

图 5-4 安徽省水稻种植情况

资料来源：历年《中国统计年鉴》。

李小军（2005）运用一定的计算方法计算了各粮食主产省水稻、小麦、玉米、大豆的生产优势指数（见表 5-2），其中安徽省水稻生产的规模优势指数、效率优势指数、综合优势指数分别为 1.29、0.97、1.12，排名分别为第五、第十、第五，这反映出在各粮食主产省中，安徽省水稻生产的优势较为明显，在全国处于非常重要的地位，因此，提高安徽省水稻生产水平对于保障我国粮食安全具有十分重要的意义。

表 5-2　　　　粮食主产区各省、自治区水稻生产优势指数

省份	规模优势指数	效率优势指数	综合优势指数
安徽	1.29	0.97	1.12
河北	0.07	1.16	0.28

续表

省份	规模优势指数	效率优势指数	综合优势指数
河南	0.19	1.06	0.45
黑龙江	0.53	1.17	0.78
湖北	1.79	0.98	1.32
湖南	2.84	0.79	1.50
吉林	0.47	0.88	0.64
江苏	1.42	0.98	1.18
江西	3.10	0.76	1.53
辽宁	0.60	1.02	0.78
内蒙古	0.08	1.29	0.31
山东	0.07	1.01	0.26
四川	1.12	1.09	1.11

资料来源：李小军. 粮食主产区农民收入问题研究. 中国农业科学院博士论文，2005。

5.3 安徽省水稻生产技术采用的调研分析

5.3.1 调查点选择

安徽为水稻主产区与国家粮食主产区，以该省为例进行研究具有较强的代表性。本研究的基础数据来源于安徽省2012年农村固定观察点的农户数据，进一步根据研究目的设计调研问卷对样本农户可持续生产技术采用情况进行补充调研。农村固定观察点数据自1986年建立，调查对象的确定综合运用抽样调查、全面调查和典型调查三种方法，并要求调查户一经确定后就不要变换，即样本不能轮换。样本农户选择合理并长期跟踪调查，使得这套数据能够很好地反映安徽省农户的总体情况。此套水稻种植农户数据涉及安徽省的15个固定观察村：凤台县毕湾村、蚌埠市汪圩村、明光市徐郢村、金寨县金桥村、肥西县官亭村、桐城市新庵村、安庆市象山村、含山县房圩村、当涂县塘南村、铜陵县朱村村、青阳县红星村、宣州市竹园村、歙县梓二村、祁门县枫林村、合肥市十八岗村,共计1180户农户。由于水稻种植收益比较低,这些村庄大多数农户既从事农业生产,又从事工业、商业等非农兼业活动,部分农户已经不再从事水稻种植活动。因此通过对样本数据的统计筛选,最终有效样本为11个村,669户农户。样本具体分布如表5-3所示。

表5-3 调研样本分布情况

调查市(县)	调查村	有效问卷量(份)	占总样本比重(%)
凤台县	毕湾村	88	13.15
蚌埠市	汪圩村	77	11.51
明光市	徐郢村	49	7.32
金寨县	金桥村	65	9.72
肥西县	官亭村	64	9.57
安庆市	象山村	58	8.67
当涂县	塘南村	31	4.63
青阳县	红星村	39	5.83
宣城市	竹园村	90	13.45
祁门县	枫林村	55	8.22
含山县	房圩村	53	7.92
合计		669	100.00

5.3.2 调研内容

本研究的基础数据来源于安徽省2012年农村固定观察点的农户数据,进一步根据研究目的设计调研问卷并对样本农户可持续生产技术采用情况进行补充调研。

之所以选择研究可持续生产技术的采用,主要是因为安徽省与全国一致,农业生产中的化学品投入逐年上升(见表5-4),其中农用化肥施用总量从1990年的144.54万吨增至2012年的333.53万吨,农药使用总量从1990年的3.15万吨增至2012年的11.67万吨,2012年单位播种面积化肥施用量与农药使用量分别达到371.84千克/公顷、13.01千克/公顷,远远高于国际公认的化肥施用安全上限225千克/公顷与农药施用安全上限7.5千克/公顷。化肥、农药施用量大且利用率低，残留于土壤中的化肥农药造成农田面源污染日益凸显，农作物品质及安全受到较大影响，资源环境压力日益加大，严重制约了安徽省水稻的可持续生产。

鉴于可持续生产技术兼具资源节约与环境友好特征，不仅符合农业增产增益需要，而且能够保护环境，实现农业可持续发展。目前，国家正强化稻作科技创新集成，大力推广可持续生产技术的推广应用。同时，安徽省进一步挖掘水稻产业发展潜力，从2006年开始，连续在全省水稻主产区实施水稻产业提升行动，其中依靠科技支撑，重点推广水稻生产关键技术是此行动的重要内容之一，如全面推广测土配方施肥技术；加快推广以免耕为代表的轻型栽培技术，配套推广以节水灌溉为代表的避灾节本技术；大力推广以病虫草害综合防治为重点的精确管理技术；以推广秸秆快速腐熟剂技术鼓励农民秸秆还田，加快有机肥利用，强化耕地质量建设。这些措施强化了科技对水稻产业提升的支撑作用，有力保障了安徽省粮食增产、农业增效、农民增收。因此，以粮食主产区安徽省农户采用可持续生产技术为例展开研究，有助于从微观层面为国家相关决策提供参考。

表5-4　　　　　　　安徽省农业生产化学品投入情况

年份	农用化肥施用量（万吨）	农用塑料薄膜使用量（万吨）	农药使用量（万吨）	农作物耕种面积（千顷）
1990	144.54	1.96	3.15	8313.60
1991	144.29	1.84	3.81	8195.60
1992	156.02	5.48	3.99	8155.07
1993	178.15	3.55	5.13	8265.09
1994	189.86	4.48	5.44	8263.75
1995	203.28	4.07	6.33	8354.23
1996	249.61	5.06	6.88	8361.54
1997	240.63	5.09	7.38	8488.92
1998	253.80	5.34	8.01	8564.23
1999	255.70	5.90	7.18	8582.05
2000	253.15	5.81	7.56	8418.01
2001	262.29	6.57	7.30	8236.31

续表

年份	农用化肥施用量（万吨）	农用塑料薄膜使用量（万吨）	农药使用量（万吨）	农作物耕种面积（千顷）
2002	270.33	6.55	7.43	8405.03
2003	281.28	6.76	7.88	8424.44
2004	277.56	7.28	8.46	8632.19
2005	285.67	7.83	9.48	8755.19
2006	294.29	7.62	9.54	8790.01
2007	305.02	7.74	9.91	8853.87
2008	307.37	7.17	11.15	8967.90
2009	312.79	7.67	11.04	9012.12
2010	319.77	8.07	11.66	9054.87
2011	329.67	8.61	11.75	9022.99
2012	333.53	9.12	11.67	8969.60

资料来源：安徽省历年统计年鉴。

调研农户问卷包括如下内容：农户基本信息（包括农户个人特征与家庭特征等）、水稻种植的成本收益情况、稻农对传统高产技术的环境效应认知、稻农可持续生产技术采用情况、稻农可持续生产技术持续采用意向等。此外，由于可持续生产技术一般在省级层面进行推广，经济条件与自然环境对各样本村的影响不大，故本研究不再对样本农户分区进行分析。

5.3.3 样本基本情况

1. 户主基本情况

家庭农业生产活动主要由家庭户主决策，其行为对农业生产影响最大。表5-5显示，从调研农户户主的性别来看，户主多数为男性，占比达到93.72%，女性户主数量很少，反映出男性在家庭农业生产决策中占据主导地位；从调研农户的年龄来看，户主年龄普遍较高，平均年龄为57.61岁，40岁以下户主占比5.23%，50岁以上户主达到72.80%，这表明50岁以上年龄段的户主是水稻生产的主体;从调研农户文化程度来看,户主文化水平普遍很低,小学及以下水平占60.54%,初中水平占34.08%,高中及以上水平仅占5.38%。从户主是否为村干部来看,有4.33%的农户户主承担基层的管理工作;从户主兼业情况来看,户主兼业化程度较高,利用50%以上时间从事非农就业的户主占比53.06%,50%以下时间从事非农就业的户主占比46.94%;从户主技术风险类型来看,农户基本属于风险厌恶或中立,占比90.58%,偏好风险的农户占比9.42%。

表5-5　　　　　　　　　　　户主基本情况

统计指标	分类指标	户主（户）	比重（%）
户主性别	男	627	93.72
	女	42	6.28
	合计	669	100
年龄	40岁以下	35	5.23
	40~50岁	147	21.97
	50~60岁	211	31.54
	60岁以上	276	41.26
	合计	669	100
户主文化程度	小学及以下	405	60.54
	初中	228	34.08
	高中及以上	36	5.38
	合计	669	100
村干部	是	29	4.33
	否	640	95.67
	合计	669	100
户主兼业	50%以上时间非农就业	355	53.06
	50%以下时间非农就业	314	46.94
	合计	669	100
户主技术风险类型	风险厌恶	125	18.68
	风险中立	481	71.9
	风险偏好	63	9.42
	合计	669	100

2. 家庭务农劳动力数量与种植规模

从家庭务农劳动力数量来看（见表5-6），农业劳动力人口每户平均1.52人，劳动力3人以下的农户占69.95%；从家庭水稻种植规模来看，农户土地细碎化现象较为明显，水稻种植规模偏小，户均种植5.49亩。土地经营规模过于细碎化不利于农业机械的大规模推广使用，对粮食生产形成制约。

表5-6　　　　　样本农户家庭务农劳动力数量与种植规模情况

统计指标	分类指标	户主（户）	比重（%）
务农劳动力数量	1人	76	11.36
	2人	226	33.78
	3人	166	24.81
	4人	153	22.87
	5人以上	48	7.18
	合计	669	100
种植规模	3亩以下	273	40.81
	3~6亩	203	30.34
	6~10亩	94	14.05
	10亩以上	99	14.8
	合计	669	100

3. 家庭总收入情况

从家庭总收入情况来看（见表5-7），近年来农户收入不断提高，样本农户中家庭收入平均为31034元，其中2万元以下总收入占比27.65%，2万~4万元总收入占比51.72%，4万~6万元总收入占比15.84%，6万元以上总收入占比4.78%，可见，中低收入农户仍占较大比重。

表5-7　　　　　　　　样本农户家庭总收入情况

家庭总收入	户数	比重（%）
2万元以下	185	27.65
2万~4万元	346	51.72

续表

家庭总收入	户数	比重（%）
4万~6万元	106	15.84
6万元以上	32	4.78
合计	669	100

5.3.4 样本农户的可持续生产技术采用状况

在高度关注保障粮食安全与生态友好的大背景下，水稻的可持续生产事关人民生活水平，急需在农业生产中采用可持续生产技术来支撑。以节地、节水、节肥、节药、节种、节能为重点，重视秸秆还田利用，增加农田有机质投入和管理，发展生物农药和生物肥料，大力发展以改善生态环境、提高资源利用率为主题的可持续稻作技术。这是未来提高水稻持续增产能力，促进稻米产品质量和生态安全的重要技术方向。

1. 可持续生产技术类型

联合国粮食与农业组织（FAO）说明了可持续生产技术具有的五大主要特征：节约资源、保护环境、技术上适用、经济与社会上可行。根据这个定义，可持续生产技术主要包括保护性耕作、作物轮作、改良品种、施用农家肥、节水灌溉等（Lee，2005；Kassie et al.，2009；Wollni et al.，2010）。

我国政府农业部门联合各科研机构对于可持续农业生产技术展开了大量的科研工作。农业部重点推广的10项可持续农业生产技术主要有：正确使用农药、正确使用化肥、节水灌溉、有效处理秸秆、保护性耕作（免耕或少耕）、作物轮作、施用农家肥、测土配方施肥、病虫害综合治理、种植绿肥等。

当前，农户应对行为主要指面对环境影响，为了实现既定目标，农户采取的减少环境影响带给水稻种植风险的行为或措施。就农户而言，环境影响中的土壤污染、水污染、土传病害与健康危害或导致土壤肥料下降、劳动不足等间接影响生产产量，或由多种病虫害直接影响生产产量。从调研实际情况来看，农户一般采用测土配方技术、秸秆还田技术、灌溉技术、免耕栽培技术、病虫害综合防治技术来应对水稻种植带来的环境影响。究其原因在于这五种技术都表现出一个主要共同特征，即都与水稻产量息息相关，由此也关乎农户利益。

事实上，这些行为措施的采用既可能是农户的有意识行为，也可能是在政府推广可持续生产技术过程中，其追求产量效益最大化目标时的无意行为。

（1）测土配方施肥技术。

国际上通称的平衡施肥，是指通过土壤测试，及时掌握土壤肥力状况，按不同作物的需肥特征和农业生产要求，实行有机肥与化肥、氮肥与磷钾肥、中微量元素等肥料适量配比平衡施用，提高肥料养分利用率，促进农业生产高产、优质和高效的一种科学施肥方法。这项技术是联合国在全世界推行的先进农业技术。概括来说：一是测土，取土样测定土壤养分含量；二是配方，经过对土壤的养分诊断，按照庄稼需要的营养"开出药方、按方配药"；三是合理施肥，就是在农业科技人员指导下科学施用配方肥。据测算，测土配方施肥可以提高化肥利用率5%～10%，增产率一般为10%～15%，最高可达20%以上。因此，推广测土配方施肥技术，实行测土配方施肥不但能有效控制化肥的投入量，提高化肥利用率，节约资源，获得稳产高产，保证农业可持续发展，还能使施入土壤中的化学肥料尽可能多地被作物吸收，减少肥料的面源污染，不使水源富营养化，从而达到养分供应和作物需求的时空一致性，实现改善农产品质量，并且作物高产和生态环境保护相协调的目标。

（2）秸秆还田技术。

秸秆还田技术能够充分利用上季作物收获后的富余秸秆如小麦、油菜和其他作物秸秆，改良土壤结构，提高土壤有机质含量与土壤的再生能力，平稳提供水稻各阶段的有机养分需求，减少化肥施用，改良产品品质；同时能够解决秸秆处理难问题，减少废弃物污染与保护生态环境，提高秸秆综合利用水平，是实现水稻种植可持续发展的有效措施。农业部从2006年开始实施土壤有机质提升试点补贴项目，并把秸秆还田作为有机质提升补贴项目的重点内容。

（3）灌溉技术。

水稻传统灌溉方法（淹灌、漫灌等）浪费水资源严重，也影响水稻产量，在当前随着全球范围气候变化的不利因素影响，水稻生产受极端不利天气条件影响趋势将更加严峻，如何提高水资源利用效率成为水稻可持续种植的重要问题。水稻节水灌溉技术应用系统工程原理，在对水稻需水特性、需水量和灌溉制度进行长期观测试验的基础上，总结出水稻"薄、浅、湿、晒"一整套科学优良的灌溉制度。水稻间歇灌溉是一种稻田灌薄水与湿润落干交替的灌溉技术，根据水稻各生育阶段允许蓄雨指标，充分拦蓄降雨，节约灌溉用水；灌溉实行浅灌，以尽可能多拦蓄雨水；灌溉两水之间实行间歇灌溉，间歇天数依据当地的水源状况，可分别采用经济间歇天数、适宜间歇天数和高产间歇天数；遇特殊干旱年份，允许旱管，以减灾避灾。这一灌溉技术结合浅灌、湿润、旱管，使稻田水分状况多样化。间歇灌溉改变了稻田长期淹水的状态，有效地改善了水稻的生态条件，促进了水稻的生长发育，减少田间的渗漏，提高了降雨的有效利用，显著减少灌溉水量，从而达到节水增效目的。

（4）免耕栽培技术。

水稻免耕栽培技术是在水稻种植前稻田未经任何翻耕犁耙，先使用除草剂摧枯前季作物残茬或绿肥、灭除杂草植株和落粒谷幼苗后，灌水并施肥沤田，待水层自然落干或排浅水后，将秧苗抛栽或种子播到大田中的一项新的水稻耕作栽培技术。水稻免耕栽培技术省工省力、节本高效、简便易行，同时大大减轻了水土流失，有利于保护害虫天敌、土壤微生物群落，改善稻田有益生物环境条件，促进农田生态平衡，是全国重点推广技术之一。

（5）病虫害综合防治技术。

病虫害综合防治技术是在特定的环境和病虫草害的种群动力学范畴之内，以适合当地土壤、气候和经济条件的方式，利用一切适用的技术、方法或其组合管理农作物的综合耕作战略（喻永红、张巨勇，2009）。即通过各种防治手段的协调，以控制作物病虫害。该技术能够在农药管制和无限制的使用这两个极端措施之间做一个平衡，在降低农药使用的同时，带来收益和低的社会成本（Burrows，1983；Birch et al.，2011）。不仅能够提高农作物生产利润水平，而且能够降低作物质量风险，从而实现了既获得效益又最大限度降低农药的危害程度的采用病虫害综合防治技术的主要目的。

2. 农户可持续生产技术的认知

在 669 个有效调查样本中，知道测土配方的农户为 620 户，占比 92.68%；认知秸秆还田的农户为 615 户，占比 91.93%；知道节水灌溉的农户为 621 户，占比 92.83%；认知免耕栽培的农户为 418 户，占比 62.48%；知道病虫害综合防治技术的农户有 468 户，占比 69.96%（见表 5-8）。总体来说，农户对可持续生产技术的认知程度较高。

表 5-8　　　　　　　　　农户对可持续生产技术的认知

可持续生产行为认知	户数（户）	比重（%）
测土配方施肥	620	92.68
秸秆还田	615	91.93
节水灌溉	621	92.83
免耕栽培	418	62.48
病虫害综合防治	468	69.96

注：农户对可持续生产技术的认知可以选择多个。

3. 农户可持续生产技术的采用情况

在 669 个有效调查样本中，采用测土配方施肥技术的农户为 364 户，占比 54.41%；采用秸秆还田的农户为 222 户，占比 33.18%；采用节水灌溉的农户为 432 户，占比 64.57%；采用免耕栽培的农户为 329 户，占比 49.18%；采用病虫害综合防治技术的农户有 285 户，占比 42.6%（见表 5-9）。通过与农户可持续生产技术的认知情况比较，可以看出农户可持续生产技术的采用程度相对较低。

表 5-9　　　　　　　　　农户采用的可持续生产技术类型

可持续生产技术类型	采用户数（户）	比重（%）
测土配方施肥技术	364	54.41
秸秆还田	222	33.18
节水灌溉	432	64.57
免耕栽培	329	49.18
病虫害综合防治	285	42.60

注：农户采取的应对行为可以选择多个。

5.4　本 章 小 结

本章分析我国水稻总体生产现状与水稻生产技术采用概况，简要说明研究采用数据的调研区域选择、调研内容设计、样本数据基本情况描述以及农户采用可持续生产技术现状进行描述统计分析等方面内容。具体结论如下：

第一，调研区域样本农户年龄偏大，文化水平普遍很低，水稻种植规模偏小，以小规模经营为主，土地细碎化现象较为明显，农户兼业化程度较高。中低收入农户仍占较大比例。

第二，农户主要采用测土配方技术、秸秆还田技术、灌溉技术、免耕栽培技术、病虫害综合防治技术等多种措施应对水稻种植带来的环境影响。尽管农户对于可持续生产技术的认知程度很高，但农户采用可持续生产技术的程度相对较低。

在接下来的第 6 章、第 7 章、第 8 章中，将以安徽省农户可持续生产技术调研数据为例，分析农户技术采用及其效应：农户可持续生产技术采用行为分析、农户可持续生产技术的持续采用意向、农户可持续生产技术采用的效应分析。

第 6 章

农户可持续生产技术采用行为分析

安徽省是水稻主产区，为保障国家粮食安全做出重要贡献。然而，长期的种植实践，普遍过量或不合理使用化肥与农药，导致土壤板结、有机质含量下降，各类土传病害等一系列生态环境问题日益凸显，采用可持续生产技术由此成为农户主要的应对方式。本章首先利用安徽省水稻种植农户数据，综合评价农户对传统高产技术环境影响的认知，并构建计量模型实证研究影响农户对传统高产技术环境影响认知的主要因素；然后运用 Multivariate Probit 回归模型，以测土配方施肥技术（C）、秸秆还田（J）、灌溉技术（G）、免耕栽培技术（M）、病虫害综合防治（B）五种可持续生产子技术为研究对象，分析农户可持续生产技术采用的关联效应及影响因素，并进一步将农户环境影响认知综合评价数据纳入计量模型，以此考量农户环境影响综合认知对其可持续生产技术采用的影响。

6.1 农户对传统高产技术环境影响的认知

以化肥、农药等化学品高投入为代表的水稻传统高产技术的应用与扩散极大提高了粮食产量，对于国家保障粮食安全、促进农业经济的快速发展发挥了极其重要的作用，然而，长期以来，化肥、农药等化学品的高投入不仅增加了水稻生产成本，降低了水稻种植效益，而且化学投入品高效利用技术模式、应用方式没有得到全面完善与应用，明显降低投入品利用效率，大量投入品流失在土壤、水体、大气,导致土壤板结、有机质含量下降,各类病虫害增加等生态环境问题日益凸显,严重制约水稻的可持续生产。

目前,家庭承包经营制度作为我国农村基本经济制度,农户是农业生产的主体,任何有效的保护性政策和推广计划都必须依赖于农户对环境的认知与可持续生产行为。因此,国内外学者对此问题进行了卓越成效的研究。格曼等(Gorman et al.,2001)、麦肯等(Mccann et al.,1997)、斯蒂尔(Steel,1996)研究分析在影响公众环保意识与行为的主要因素中,涉及性别、年龄、社会等级、居住地、政治倾向等社会背景的因素是最重要的。朱启臻(2001)对农民环境意识的重要性、存在的问题与提高对策进行了探索。周锦、孙杭生(2009)通过江苏对苏北、苏中和苏南三个地区的农民环境意识的调查,认为农民环境意识与地区经济发展和农民所受到的环境教育程度较低相关联。邢美华等(2009)运用排序选择模型就影响农户环保认知的因素进行了计量分析。吴林海等(2011)运用结构方程模型就农药残留问题分析了分散农户认知与主要影响因素。巩前文等(2010)运用调研数据分析农户过量施肥风险认知及规避能力的影响因素。还有很多学者对农户可持续生产技术的采用行为展开研究,如农户保护性农业措施采纳行为(Erwin & Ervin,1982;Featherstone & Goodwin,1993;Knowler & Bradshaw,2007;曹光乔、张宗毅,2008)、作物病虫害综合防治技术采用行为(McNamara et al.,1991;喻永红等,2009;赵连阁、蔡书凯,2012)、采用有机肥与测土配方施肥技术等环境友好型农业技术行为(葛继红等,2010;褚彩虹等,2012;周建华等,2012)等。这些研究成果提供了重要参考与借鉴,但绝大多数文献在设计调研时,或就农户整体环境认知进行定性分析,或就化肥、农药等导致土壤、水源污染的一个方面来实证分析农户是否认知环境影响,对农户环境影响综合认知缺乏评价,并且在研究中或只分析农户环境认知,或只研究农户可持续生产行为,很少将二者结合起来考量农户环境认知对其可持续生产技术采用的影响。鉴于此,本节利用安徽省水稻种植农户数据,综合评价农户对传统高产技术环境影响的认知,并构建计量模型实证研究影响农户对传统高产技术环境影响认知的主要因素。

6.1.1 农户对传统高产技术环境影响的认知评价

土壤污染、病虫害增多、水源污染、身体健康危害是水稻种植的主要环境效应。在调查问卷中,将四种环境效应具体表述为:土壤盐渍化、酸化,有机质匮乏;病虫害严重;地下水污染;农户健康疾病。然而,考虑到如果调查中直接询问农户对环境效应是否认知,可能导致农户了解其中一项效应而回答"是",这样就无法充分反映农户对环境效应的综合认知情况。鉴于此,本研究在每项环境效应下设置:"完全不了解""了解较少""一般了解""比较了解""非常了解"五种农户认知情况。在农户访谈中,对四项环境效应逐项询问,当农户回答对某项效应"完全不了解"时,得分为0;当农户回答对某项效应"了解较少"时,得分为0.25;当农户回答对某项效应"一般了解"时,得分为0.5;当农户回答对某项效应"比较了解"时,得分为0.75;农户回答对某项效应"非常了解"时,得分为1。然后计算669个调查农户对某项影响认知的得分总和,再除以农户对四项环境效应的总得分,得出某项效应的权重,由此得出农户环境效应综合认知状况。计算过程如表6-1所示。

表6-1　　　　　　　　　　农户环境效应认知计算

对I项环境影响认知	完全不了解	了解较少	一般了解	比较了解	非常了解
农户得分(X_k)	0	0.25	0.5	0.75	1
第I项影响的综合权重	$W_I = \sum_{J}^{669} x_J / \sum_{J}^{669} \sum_{I}^{5} x_{IJ}$				
第J个农户环境综合认知	$E_J = X_k W_I$				

根据调研农户数据,计算得出农户环境效应综合认知结果(见表6-2)。表6-2显示调查农户对水稻传统高产技术种植环境效应认知的综合得分为1183分,平均0.55分,可见农户已经认知到了长期传统高产技术种植的环境效应,但整体认知程度停留在一般水平。从具体效应得分来看,农户对长期传统高产技术种植环境效应总得分最高的是土壤污染,为528分,平均得分为0.79分,表明农户在生产实践中,由于追求产量收益的最大化,对长期施用化肥农药导致的土壤盐渍化、板结、有机质下降等土壤污染现象感受最深,因此认知程度呈中上等水平。土传病害得分第二,为279分,平均得分0.42,反映出农户认知程度基本接近中等水平;水源污染与健康危害得分分别为247分、129分,平均0.37分、0.19分,意味着农户对这两项环境效应认知程度低下,可能与农户没有直接感受到其与产出的相关性,且影响较为隐蔽有关。

表6-2 农户环境效应认知结果

项目	总得分	权重（%）	平均得分
土壤污染	528	44	0.79
病虫害增多	279	24	0.42
水源污染	247	21	0.37
健康危害	129	11	0.19
环境效应综合认知	1183	100	0.55

6.1.2 农户对传统高产技术环境影响认知的影响因素

1. 模型构建

由于计算出来的农户环境效应认知与四项具体环境效应值都处于[0,1]之间，属于截断数据，如果直接采用最小二乘法（OLS），估计所得参数存在严重的有偏和不一致。对于此类研究，采用Tobit回归模型能够有效解释截取数据，判断各因素影响。因此，本章将农户环境效应认知与四项具体环境效应值作为因变量，农户环境效应认知的影响因素作为自变量，构建如下Tobit回归模型实证考察农户环境效应认知的影响因素。

$$Y_i = \begin{cases} X_i\beta + \varepsilon_i, & \text{if} X_i\beta + \varepsilon_i > 0 \\ 0, & \text{if} X_i\beta + \varepsilon_i < 0 \end{cases} \quad (6-1)$$

式（6-1）中，Y_i为观察到的因变量，代表第i个农户环境效应认知与四项具体环境效应值；X_i为自变量，代表农户环境效应认知的影响因素；β表示相关系数；i表示第i个农户；ε_i表示误差项，且$\varepsilon_i \sim N(0, \sigma)$。

2. 变量选择

农户年龄、文化程度、家庭特征、信息获取、农业技术推广等显著影响农户的生态环境认知。因此，本章综合前人研究成果，选择如下解释变量：一是农户个人特征中的户主年龄、户主文化程度、村干部、户主兼业4个变量，并假设其对农户环境效应认知有正向影响。二是家庭特征中的家庭总收入、水稻种植规模、务农劳动力数量3个变量，并假设水稻种植规模、务农劳动力数量都对农户环境效应认知有正向影响，家庭总收入对农户环境效应认知呈负向影响。三是信息可获性中的与村民交流、获得技术信息渠道 2 个变量，并假设对农户环境效应认知有正向影响。四是技术环境特征中的设施种植户是否加入合作社、是否有农技人员指导、是否参加培训、与市场距离、政府推广 5 个变量，并假设水稻种植户是否加入合作社、是否有农技人员指导、是否参加培训、政府推广都对农户环境效应认知有正向影响，与市场距离对农户环境效应认知有负向影响。具体变量的描述性统计及预期作用方向见表 6-3。

表 6-3　　　　　　　　　　变量定义与描述性统计

变量名称	变量定义	均值	标准差	预期方向
户主年龄	按户主的实际年龄计算（岁）	57.61	9.95	+
户主文化程度	小学及以下=1；初中=2；高中或中专=3；大专及以上=4	1.45	0.60	+
是否为村干部	是=1，否=0	0.04	0.20	+
户主兼业程度	50%以上时间非农就业=1；50%以下=0	0.53	0.50	+
务农劳动力数量	按实际人数计算（个）	1.52	0.62	+
家庭总收入	2万元以下=1；2万~4万元=2；4万~6万元=3，6万元以上=4	1.98	0.79	-
水稻种植规模	按种植面积计算（亩）	5.49	6.08	+
与村民交流	是=1，否=0	0.99	0.08	+
获得技术信息渠道	按技术信息渠道计算（条）	2.11	0.88	+
加入合作社	是=1，否=0	0.02	0.14	+
农技人员指导	是=1，否=0	0.18	0.39	+
参加培训	是=1，否=0	0.22	0.41	+
政府推广	是=1，否=0	0.53	0.50	+
与市场距离	所在村到乡镇距离（里）	4.70	2.31	-

注：预期方向中"+"为正向影响，"-"为负向影响。

3. 模型估计与结果分析

运用 Stata10.0 对农户环境效应认知影响因素 Tobit 模型进行估计；同时对土壤污染、病虫害增多、水源污染、健康危害四项具体环境效应也进行影响因素 Tobit 模型估计，以此验证模型的稳健性。表 6-4 显示五个模型中的

LR chi^2 (14) 都通过1%的显著性检验，表明除常数项外其他所有系数均显著；土壤污染、土传病害、水源污染、健康危害与农户环境效应认知的影响系数方向基本一致反映出模型是稳健的。

表6-4　环境影响认知影响因素的模型估计结果

自变量	土壤污染	病虫害	水源污染	健康危害	环境影响认知
户主年龄	0.0123*** 5.78	0.0025** 2.04	-0.0035** -2.63	0.0158*** 7.64	0.0037*** 5.97
户主文化程度	0.0347 1.12	0.0173 1.00	0.0395** 2.06	-0.0281 -0.96	0.004 0.49
是否为村干部	0.7585*** 4.8	0.2103*** 4.27	0.3422 5.77	0.1707** 2.32	0.1825*** 7.59
家庭总收入	-0.0403* -1.74	-0.0169 -1.36	-0.0131** -0.95	-0.0423** -2.08	-0.0161** -2.55
务农劳动力数量	0.0169 0.61	0.0041 0.26	0.0638*** 3.68	0.0280 1.09	0.0135* 1.71
户主兼业程度	0.03 0.71	0.046** 1.99	-0.0227 -0.89	0.1084*** 2.86	0.0101 0.86
种植规模	0.0027 0.76	0.0129*** 6.5	0.0055*** 2.58	0.0015 0.52	0.0039*** 4.12
与村民交流	0.0603 0.32	-0.1034 -0.86	0.1946 1.54	0.0531 0.84	0.0261 0.42
获得技术信息渠道	0.0449** 2.13	0.0081 0.68	0.0259* 1.89	-0.0162 -0.84	0.0322*** 5.39
加入合作社	0.078 0.48	0.0108 0.14	-0.0883 -1.03	0.1095 0.94	0.0152 0.4
农技人员指导	0.4829*** 5.62	0.3661*** 6.75	0.2741*** 4.45	0.0255 0.23	0.0522** 1.93
参加培训	0.3772*** 3.66	0.1883*** 3.72	0.1120** 2.05	0.0417 0.5	0.1406*** 5.46
政府推广	0.2339*** 6.32	0.0636*** 3.72	0.0787*** 3.49	0.0915*** 2.66	0.0838*** 7.97

续表

自变量	因变量				
	土壤污染	病虫害	水源污染	健康危害	环境影响认知
与市场距离	-0.0229***	-0.003	-0.0140***	-0.0007	-0.0003
	-2.91	-0.71	-2.99	-0.1	-0.13
常数	0.1884	0.1736	-0.3871***	-0.4625*	0.1422*
	0.74	1.11	-2.28	-1.87	1.78
LR chi² (14)	240.97***	491.36***	555.03***	264.04***	488.07***
Log likelihood	-341.09	-94.5	-227.37	-321.16	455.6

注：*、**、*** 分别表示在 10%、5% 和 1% 水平下通过显著性检验。

农户个人特征中的户主年龄对环境综合认知、土壤污染、病虫害增加、水源污染、健康危害影响均在1%水平通过显著性检验，其正向影响表明农户年龄越大，其从事水稻种植的年限就越长，种植经验也越丰富，其在种植中遇到的问题更多，由此其能敏锐地感觉到环境效应，提高自身认知能力。农户为村干部的对环境综合认知、土壤污染、病虫害增加、健康危害影响均在1%、5%上水平通过显著性检验，其正向影响表明村干部与外界各方交流较多，其见识一定较普通农户高，这也能够增加其农业技术的可能性（Ervin，1982）。户主文化程度除对水源污染外，环境综合认知、土壤污染、病虫害增加、健康危害影响均没有通过显著性检验，一方面表明户主文化程度高使其一定程度上能认识到水源对水稻可持续生产的促进作用；另一方面反映出在目前种稻农户文化程度普遍偏低的现实状况下，教育对农民采纳农业新技术影响的关键恐怕不在于农户本身学历水平的高低，而在于农业新技术推广与再培训对农户作用水平的高低，这在后面得到农技人员指导与培训有显著正向影响的验证。户主兼业程度对病虫害增多、健康危害有显著的正向影响，说明兼业程度高的农户对自身健康与水稻病虫害认知水平相对更强，这与外出打工农民有更多机会接触到新的环保观点，也更容易接受新的环保理念有关。所以，农村劳动力的合理流动有助于提高农户的环保认知水平（邢美华等，2009）。

家庭特征中的家庭总收入对环境综合认知、土壤污染、水源污染、健康危害有显著的负向影响，这可能与水稻种植现状密切相关。对于普通农户，打工收入已占家庭总收入的50%以上，家庭总收入高也就意味着家庭成员在外打工收入多,这部分农户一般种稻积极性相对较低,对水稻种植中的各种生态影响关注不多,认知水平处于较低的水平。务农劳动力数量对环境综合认知、水源污染有显著正向影响,反映出家庭从事水稻种植的劳动力越多,关心水稻种植情况的家庭成员就越多,更易感知环境对水稻种植的影响。水稻种植面积对农户环境综合认知、病虫害增加、水源污染认知有显著正向影响,这说明农地经营规模越大的农户,对种稻收入的依赖度更大,更加专注于水稻种植中出现的诸多问题,由此使其对环境影响认知概率越大。

信息可获性中的获得技术信息渠道对环境综合认知、土壤污染、水源污染有显著的正向影响,表明拥有更多技术信息渠道的农户容易获得更多的生产技术信息,更易感知环境影响。与村民交流没有通过显著性检验,可能说明农户在实际种植过程中存在差异,相互之间影响较少。

技术环境特征中的设施种植户是否有农技人员指导、是否参加培训、政府推广均对农户环境综合认知都有显著促进作用。技术指导、培训等政府计划有助于提高农民获取环境保护信息的能力和成为专门人才的机会(Namatié Traoré et al., 1998)。是否加入合作社在五个模型估计均没有通过显著性检验,合作社作为农业组织载体,通过再教育加强农户知识水平是提高其认知能力的重要途径,然而调研情况显示当地合作社的辐射面较低,带动力较弱,功能作用得不到有效发挥,而且种稻农户一般也很少从合作社获取相关信息。这一状况显然与我国大力发展合作社带动农户技术采用进而促进农户持续增收的政策导向有着极大的偏差,凸显出目前合作社发展质量与实力有待进一步提高,其未来发展仍然任重道远。与市场距离对农户环境效应认知没有通过显著检验,系数为负一定程度上表明距离市场越远的农户,受交通、信息等限制,环境影响认知水平相对较低。

6.2 农户可持续生产技术采用行为的实证分析

6.2.1 研究假设

事实上,可持续生产技术是由多项子技术构成的技术包,农户可能同时选择采用其中几种技术解决种植过程面临的问题，多项子技术采用之间存在的关联效应及其影响因素对于政府实施促进粮食主产区水稻可持续生产的政策措施有重要的参考价值。一般来说，水稻主产区农户日常生产中常用的有测土配方施肥技术（C）、秸秆还田（J）、灌溉技术（G）、免耕栽培技术（M）、病虫害综合防治（B）五种技术。这五种技术本质都属于可持续生产技术，是可持续生产技术包的子技术。现实的复杂性与多样性决定了水稻种植农户采用可持续生产技术决策时更可能同时采用多种子技术而不是单一技术以解决其面临的诸多问题，这表明农户采用技术决策可能不是独立的，而是同时发生且相互依赖的，这种相互联系既可能是替代关系，也可能是互补关系。因此孤立地对单项技术进行研究可能会忽视农户同时采用多种子技术带来的经济信息。

多项可持续生产子技术采用之间可能存在互补或替代关系，应据此分析农户技术采用的影响因素。国外文献对农户采用技术包中子技术问题的研究较早且较为深入，而国内成果对此则关注较少，尤其研究农户多种子技术之间的采用行为更是鲜见。考虑到 Multivariate Probit 回归模型能够同时分析不同技术采用决策的影响因素，并且能够考察各技术采用决策之间的相互关联，因此，本章运用 Multivariate Probit 回归模型，以测土配方施肥技术（C）、秸秆还田（J）、灌溉技术（G）、免耕栽培技术（M）、病虫害综合防治（B）五种可持续生产子技术为研究对象，分析农户可持续生产技术采用的关联效应及影响因素。

借鉴已有研究成果，将影响农户采用可持续生产技术的因素归纳为户主个人特征、家庭特征、信息可获性和技术环境特征与农户认知五个方面。

1. 个人特征的影响

一般而言，农户年龄越大，从事水稻种植的年限越长，经验也越丰富，获取生产与技术信息的能力更强，进而采取可持续生产技术的可能性就越大。农户为村干部，文化程度与见识一定较普通农户高，而教育可以增加农户采用可持续生产技术的可能性。户主教育程度与农业从业经验对技术采用有显著正影响（林毅夫，1991）。农户技术风险类型表明其是否愿意并敢于尝试采用新技术，户主兼业对于技术采用的相关研究结论并不一致，一方面，劳动力务农机会成本高，其必然较少关注农业生产，采用可持续生产技术的动力势必不足；另一方面，外出兼业增长了见识，可能更愿意采用对可持续生产技术。因此，本研究假设农户年龄大、是村干部、文化程度高与农户偏好技术风险对于农户采用可持续生产技术有正向影响，户主兼业的影响需进一步验证。

2. 家庭特征的影响

农户家庭务农人口越多，更加依赖于农业生产的收入，其越倾向于采用可持续生产技术。家庭总收入多，农户可以投入更多资金进行技术交流与投入，由此对技术采用产生促进作用（Franzel，1999）。种植规模大，技术带来的产量与农业收益增加就多，从而能够提高农户对新技术采用的积极性。因此，本研究假设家庭务农人口越多，种植规模越大，家庭总收入越多，对于农户采用可持续生产技术有正向影响。

3. 信息可获性的影响

能够获取相关农业生产技术信息是提高农户采用新技术的前提。农户拥有的社会资本对其技术采用行为产生影响。社会资本是创造价值并促进个人行为的社会结构因素（Coleman，1990），可以反映行为人信息获取渠道以及资源获取渠道（Scott E. Seibert et al.，2001）。经常与村民交流、有较多获得技术信息渠道能够加快信息传递，克服环境影响与减少采用可持续技术的风险。因此，本研究假设经常与村民交流、有较多获得技术信息渠道对农户采用可持续生产技术有促进作用。

4. 技术环境特征的影响

农户加入合作社与政府农业技术推广中的农技人员指导、参加培训观摩、有政府推广有助于农户提高环境效应认知，得到技术指导，减少新技术采用成本，进而采用新技术。农户距离乡镇与市场的远近与其采用新技术呈现出负相关性。因此，本研究假设农户能够加入合作社，加强农业技术推广，距离市场远近对于农户采用可持续生产技术有正向作用。

5. 农户认知的影响

水稻种植环境影响中的土壤污染、水污染、病虫害增加与健康危害不仅导致土壤有机质含量下降、劳动力不足等间接影响生产产量，而且由多种病虫害直接影响生产产量，这些与农户自身利益息息相关，加强农户对此方面认知无疑有利于其采用可持续生产技术；如果农户能够克服环境影响，提高可持续生产技术认知程度，必然能促进其采用可持续生产技术。农户对新技术、新产品信息的了解程度，将影响他们使用新技术的效果（黄季焜等，2008）。因此本研究假设农户越能认知水稻长期种植的环境影响与可持续生产技术，就越可能采用可持续生产技术。

6.2.2 模型构建

1. Probit 模型

农户是否采用技术是一个二元选择过程，对于仅考察农户采用某一项技术而言，运用单变量的 Probit 模型，农户采用技术 = 1；不采用技术 = 0，具体 Probit 模型形式为：

$$Y_i^* = X_i\beta_i + \mu_i \tag{6-2}$$

$$Y_i = \begin{cases} 1 & \text{if } Y_i^* > 0 \\ 0 & \text{otherwise} \end{cases} \tag{6-3}$$

式（6-2）中 Y_i^* 是为观察到的潜变量，Y_i 是实际观察到的二值选择变量，X_i 是农户技术采用行为的第 i 个影响因素，β_i 为待估计参数，μ_i 为随机误差项服从标准正态分布；式（6-3）表示：当 $Y_i^* > 0$ 时，$Y_i = 1$，否则 $Y_i = 0$。

2. Multivariate Probit 模型

Multivariate Probit 回归模型包括多个二元被解释变量，模型具体形式如下：

$$Y_{hpj}^* = X_{hpj}\beta_j + \mu_{hpj}, \quad j = 1, \cdots, 5 \tag{6-4}$$

$$\mu_{hpj} \sim MVN(0, \Psi)$$

$$Y_{hpj} = \begin{cases} 1 & \text{if } Y_{hpj}^* > 0 \\ 0 & \text{otherwise} \end{cases} \tag{6-5}$$

上述式中 j = 1，…，m 表示采用的测土配方施肥技术（C）、秸秆还田（J）、灌溉技术（G）、免耕栽培技术（M）、病虫害综合防治（B）五种可持续生产技术。假设有 h 个农户有潜变量 Y_{hpj}^*，代表第 j 个可持续生产技术的不可观测的选择。这个潜变量是可观测变量 X_{hpj} 的线性组合。β_j 是待估计参数。潜变量 Y_{hpj}^* 方程的估计是基于农户在 p 地块是否采用可持续生产技术的 Y_{hpj} 来实现。

如果农户采用单项技术是独立的，式（6-4）、式（6-5）为单变量 Probit 模型，μ_{hpj} 为独立同分布，那么农户采用单项技术的信息不影响他们采用其他技术的可能性。但是如果农户采用多项技术是可能的，μ_{hpj} 将遵循零条件均值与变异值的多元正态分布（MVN），即 $\mu_{hpj} \sim MVN(0, \Psi)$，协方差矩阵 Ψ 如下：

$$\Psi = \begin{bmatrix} 1 & \rho_{OM} & \rho_{OS} & \rho_{OG} & \rho_{OR} \\ \rho_{MO} & 1 & \rho_{MS} & \rho_{MG} & \rho_{MR} \\ \rho_{SO} & \rho_{SM} & 1 & \rho_{SG} & \rho_{SR} \\ \rho_{GO} & \rho_{GM} & \rho_{GS} & 1 & \rho_{GR} \\ \rho_{RO} & \rho_{RM} & \rho_{RS} & \rho_{RG} & 1 \end{bmatrix} \quad (6-6)$$

式（6-6）中，非对角线上的元素代表多项可持续生产技术随机组成部分之间无法观测的联系，非零值表明各潜变量误差项之间存在关联，这意味着可以采用能够对多项可持续生产技术进行联合估计的 Multivariate Probit 模型，以此分析影响多项可持续生产技术采用无法观测到的因素。

6.2.3 变量选择

依据理论分析中提出的影响农户采用可持续生产技术因素，选择户主个人特征、家庭特征、信息可获性和技术环境特征与农户认知五大类变量。一是户主个人特征，包括农户种植年限、是否为村干部、文化程度、技术风险类型、户主兼业五个变量。二是家庭特征，包括家庭务农人口、家庭总收入、种植规模三个变量。三是信息可获性，包括信息获取渠道、与村民交流两个变量。四是技术环境特征，包括农技人员指导、加入合作社、培训与观摩经历、政府推广、与市场距离五个变量。五是农户认知，包括环境影响认知、两型农技认知两个变量。具体变量描述性统计见表6-5。

表6-5　　　　　　　　　变量定义与描述性统计

变量名称	变量定义	均值	标准差	预期方向
户主年龄	按户主的实际年龄计算（岁）	57.61	9.95	+
户主文化程度	小学及以下=1；初中=2；高中或中专=3；大专及以上=4	1.45	0.6	+

续表

变量名称	变量定义	均值	标准差	预期方向
是否为村干部	是 = 1, 否 = 0	0.04	0.2	+
户主兼业	50% 以上时间非农就业 = 1; 50% 以下 = 0	0.53	0.5	?
技术风险类型	风险厌恶 = 1; 风险中立 = 2; 风险偏好 = 3	1.91	0.52	+
务农劳动力数量	按实际人数计算（个）	1.52	0.62	+
家庭总收入	2 万元以下 = 1; 2 万 ~ 4 万元 = 2; 4 万 ~ 6 万元 = 3, 6 万元以上 = 4	1.98	0.79	+
种植规模	按种植面积计算（亩）	5.49	6.08	+
与村民交流	是 = 1, 否 = 0	0.99	0.08	+
获得技术信息渠道	按技术信息渠道计算（条）	2.11	0.88	+
加入合作社	是 = 1, 否 = 0	0.02	0.14	+
农技人员指导	是 = 1, 否 = 0	0.18	0.39	+
参加培训	是 = 1, 否 = 0	0.22	0.41	+
政府推广	是 = 1, 否 = 0	0.53	0.5	+
与市场距离	所在村到乡镇的距离（里）	4.7	2.31	-
环境影响认知	0 - 0.25 = 1; 0.25 - 0.5 = 2; 0.5 - 0.75 = 3; 0.75 - 1 = 4	2.75	0.74	+
两型农技认知	是 = 1, 否 = 0	0.82	0.15	+

注：两型技术包括资源节约型技术与环境友好型技术，其本质就是可持续生产技术。

6.2.4 实证检验及结果分析

运用 Stata10.0 对 Multivariate Probit 回归模型进行估计，chi^2（10） = 283.201 且通过 1% 显著性水平检验，表明农户采用不同的可持续生产技术存在关联，使用 Multivariate Probit 回归模型是合适的，Multivariate Probit 回归方程的协方差矩阵与 Multivariate Probit 模型估计结果见表 6 - 6、表 6 - 7。

在表 6 - 6 协方差矩阵表中，有 3 个系数通过显著性检验，均呈现正效应。这显示采用一项可持续生产技术受到是否采用其他可持续生产技术的影响。具体而言，秸秆还田技术与测土配方施肥技术、免耕栽培技术存在互补效应；病虫害综合防治与测土配方施肥技术存在互补效应。

第6章 农户可持续生产技术采用行为分析

表6-6　　　　　　　　Multivariate Probit 回归方程的协方差矩阵

	测土配方施肥	秸秆还田	免耕栽培	灌溉技术
秸秆还田	0.826***			
	0.000			
免耕栽培	0.072	0.315***		
	0.524	0.000		
灌溉技术	0.0367	0.2004	0.2642	
	0.709	0.143	0.109	
病虫害综合防治	0.283***	0.1489	-0.033	-0.115
	0.000	0.217	0.591	0.328

Likelihood ratio test of $rho_{21} = rho_{31} = rho_{41} = rho_{51} = rho_{32} = rho_{42} = rho_{52} = rho_{43} = rho_{53} = rho_{54} = 0$
$chi^2(10) = 283.201$　　$Prob > chi^2 = 0.0000$

注：*** 表示在1%水平下通过显著性检验。

表6-7　　　　　　　　Multivariate Probit 回归模型估计结果

解释变量	测土配方系数	秸秆还田系数	免耕栽培系数	灌溉技术系数	病虫害综合防治系数
个人特征					
户主年龄	0.0078	0.0275***	0.0188**	-0.0059	0.0273
文化程度	0.3060***	0.3864***	0.2548**	0.0782	0.2481**
村干部	0.0637***	0.5350**	-0.3064	0.0714	0.3448**
技术风险类型	0.0371	0.0144	0.1484	0.0389	0.1043
户主兼业	0.2544	0.03057	0.0013	-0.1079	0.4081***
家庭特征					
务农人数	0.2344***	0.2054**	0.1154	0.0447	-0.1796*
家庭总收入	0.0845	-0.0229	0.1403	0.1912	-0.0422
种植规模	0.0398***	0.0319***	0.0634***	0.0343***	0.0479***
信息可获性					
信息获取渠道	0.1185	-0.1118	0.04582**	0.0273	0.0515
与村民交流	0.2169	-1.2467	-0.0706	-0.2968	0.2681
技术环境特征					
农技人员指导	0.1196**	0.0371	0.2182	0.0910***	0.2078***

续表

解释变量	测土配方系数	秸秆还田系数	免耕栽培系数	灌溉技术系数	病虫害综合防治系数
加入合作社	0.4162	0.226	0.0338 **	0.6842	0.4854
参加培训	0.3751	0.0876	0.0704	0.6855 **	0.0459 ***
政府推广	0.4775 ***	0.6184 ***	0.3443 **	0.0278	0.3965 ***
与市场距离	-0.0225	0.0176	-0.3616 ***	-0.0944 ***	-0.1206 ***
农户认知					
环境影响认知	0.2099 **	0.3352 ***	0.1337	0.0136	0.0047
两型农技认知	0.0186	0.0804	0.1341	0.5447 ***	0.0658
常数项	0.1615	-0.4786	0.286	-0.32	-0.2103 **

Wald chi^2(85) = 373.62   Prob > chi^2 = 0.000

Log likelihood = -1338.4694

样本总量　　　　　　　　　669

注：**、*** 分别表示在5%和1%水平下通过显著性检验。

1. 户主特征变量的影响

户主年龄对秸秆还田、免耕栽培技术有正向影响且通过显著性检验，表明年龄越大，种植年限越长的农户，拥有丰富的种植经验，愿意且能够利用秸秆还田技术提高土壤有机质含量，同时由于年龄越大，更加偏好使用省时省力的免耕栽培技术。两类技术存在互补效应体现了免耕栽培技术的农户更可能进行秸秆还田。

户主是村干部的，对测土配方、秸秆还田技术、病虫害综合防治有正向影响且通过显著性检验，表明作为农村的基层干部，一般具有较普通农户更高的眼界与生产意识，且由于其职务便利，有更大可能性采用测土配方施肥、秸秆还田技术、病虫害综合防治技术。调研情况显示村干部能够优先获取免费的施肥用品，如配方肥、秸秆腐熟剂、生物农药等，这可能也是其采用病虫害综合防治技术的主要原因。

文化程度对测土配方、秸秆还田技术、免耕栽培技术、病虫害综合防治技术有正向影响且通过显著性检验，表明文化程度越高的农户，越能明白这四种技术对蔬菜种植的积极作用。秸秆还田技术与测土配方施肥技术、免耕栽培技术存在互补效应；病虫害综合防治与测土配方施肥技术存在互补效应反映出具有较高文化程度的农户理解四种技术的实质后，能够共同采用四种技术，提高水稻产量，较好地实现农业生产。

户主兼业对病虫害综合防治技术有正向影响且通过显著性检验，表明兼业程度高的农户有更多机会接触且更易接受新知识。作为技术知识含量相对较高的病虫害综合防治技术，兼业农户愿意在一定程度上按照技术规程操作采用。

技术风险类型对五类技术都没有显著影响，但系数均为正一定程度表明对待新技术持积极态度，愿意且能够承受技术风险的农户，更可能采用可持续生产技术。

2. 家庭特征变量的影响

务农人数对测土配方、秸秆还田有正向影响且通过显著性检验，表明家庭从事水稻种植的劳动力越多，越关注能够增加收入的技术，测土配方、秸秆还田技术不仅能减轻土壤污染，而且能节约水稻生产成本与提高产量，因此农户愿意同时采用。

种植规模对五种技术都有正向影响且通过了显著性检验。测土配方与秸秆还田技术能够提高土壤有机质、病虫害综合防治能够在注重生态影响的情况下有效减少病虫害、免耕栽培能够减轻劳力负担、正确灌溉既能减灾避灾又能促进水稻生长，对于种植规模越大的家庭，来源于水稻种植的收入越多，也更倾向于采用五种技术。家庭总收入对五种技术采用的影响都没有通过显著检验。

3. 信息可获性变量的影响

除信息获取渠道对免耕栽培技术有正向影响且通过了显著性检验以外，村民交流对五种技术、信息获取渠道对其他四种技术作用都不显著，这一方面可能归因于农户整体文化程度不高，信息流通相对闭塞，技术信息渠道较多也不一定能显著提升农户对测土配方技术、秸秆还田技术、灌溉技术与病虫害综合防治技术的采用。另一方面也体现了对于近年才开始推广使用的可持续生产技术，虽然农户相互之间交流相当频繁，但对于采用这些技术的影响非常有限。

4. 技术环境特征变量的影响

加入合作社对免耕栽培技术有正向影响且通过显著性检验，表明加入合作社能够提升农户的技术采用。然而对于其他四种技术，合作社没有起到相应的作用，显示对于类似测土配方、病虫害综合防治这类新发展的需要详细提供技术指导的可持续生产技术尚无法有效承担"最后一公里"的推广重任，这也证实了现有合作社受制于资金、信息、人才等多方限制，自身发展水平不高的发展现状。

农技人员指导对测土配方、灌溉技术、病虫害综合防治有显著的正向影响；参加培训对灌溉技术、病虫害综合防治有显著的正向影响；政府推广对测土配方、秸秆还田技术、病虫害综合防治有显著的正向影响。这表明农业技术人员指导、参加培训、政府推广有助于强化水稻种植户对采取可持续生产方的了解，从而促进其采用可持续生产技术。事实上，农技人员指导、培训观摩、政府推广均属农业技术推广的主要途径，对实物使用型（如使用配方肥、秸秆腐熟剂等）、能看见明显效果且政府能够提供一定免费实物产品的技术对农户采用有较好促进作用。

与市场距离对免耕栽培、灌溉技术、病虫害综合防治技术有显著的负向影响，表明农户所在村庄到乡镇与集贸市场越远，信息获取越有限，采取免耕栽培、灌溉技术、病虫害综合防治技术进行可持续生产行为的可能性也就越小。

5. 农户认知变量的影响

农户环境效应认知对测土配方、秸秆还田技术有显著正向影响，表明真实感受并且认知到土壤污染、水污染、土传病害等环境效应对产量影响的农户，越会寻求采用可持续生产技术加以应对，以此保障水稻的持续种植。

两型农技认知仅对灌溉技术有显著正向影响，表明水稻农户对资源节约型技术与环境友好型技术两种农业技术认知程度越高，越能认识到可持续生产的益处，进而更多采用可持续生产技术。两种农技认知对测土配方、秸秆还田、免耕栽培与病虫综合防治技术没有通过显著性检验，可能的原因是调研显示农户对可持续生产技术的认知水平虽高，但认知深度处于低水平，可能很多技术只是停留在知道技术的名称上，在缺乏农技人员指导与政府推广的情况下，依靠自身能力无法采用这些技术。这既验证了农技推广的重要性，也凸显出政府的基层农技推广工作仍然需要持续不断的努力。

6.3 本章小结

本章运用 Multivariate Probit 回归模型与安徽省水稻种植农户采用测土配方施肥技术、秸秆还田、灌溉技术、免耕栽培技术、病虫害综合防治五种可持续生产子技术的实地调研数据，对水稻种植农户可持续生产技术的采用行为及影响因素进行分析，得到以下研究结论：

第一，在农户对水稻传统高产技术种植的环境影响认知的分析中，农户已经认知到长期高产技术种植的环境影响，但整体认知程度停留在一般水平。从四项具体环境效应看，农户对直接关乎土壤肥力的土壤污染效应认知最高，病虫害增加效应得分第二，水源污染得分第三，身体健康危害由于与产出的相关性很低，从而农户认知最少。土壤污染、土传病害、水源污染、健康危害四项具体效应与农户环境效应认知的影响系数方向基本一致，验证了实证结果的稳健性。户主年龄、是否为村干部、务农劳动力数量、水稻种植面积、获得技术信息渠道、是否有农技人员指导、是否参加培训、政府推广对于农户水稻种植环境效应的认知具有显著促进作用，家庭总收入对环境综合认知有显著负向影响。

第二，水稻种植农户采用五种可持续生产技术决策相互依赖，存在互补关系，孤立地研究单项可持续生产技术可能会忽视技术之间的关联效应，据此估计的影响因素也会产生偏差。水稻种植农户对五种可持续生产技术采用决策的结果表明秸秆还田技术与测土配方施肥技术、免耕栽培技术存在互补效应；病虫害综合防治与测土配方施肥技术存在互补效应。

第三，影响农户采用不同可持续生产技术的因素具有异质性，其中主要受到村干部、文化程度、户主年龄、务农劳动力数量、种植规模、农技人员指导、政府推广、参加培训、与市场距离、农户环境效应认知等因素的影响。

第 7 章

农户可持续生产技术的持久采用意向分析

农户技术持续采用作为农户技术采用的重要阶段,哪些因素决定农户持续采用意向?其背后的原因是什么?这些问题不仅深刻影响着农业技术的有效扩散,而且能够为政府出台促进农业新技术采用政策措施提供决策参考。有鉴于此,本章延续上一章农户对于秸秆还田技术采用的研究,进一步运用结构方程模型分析农户秸秆还田技术持续采用意向。首先,借鉴相关研究提出研究假设,并构建农户可持续生产技术持续采用意向的结构方程理论模型。其次,对调研样本进行说明,设计变量量表,对样本数据进行描述性统计。最后,运用样本数据对结构方程理论模型进行实证验证。

目前,国内外学者对于持续采用意向方面的理论与实证研究集中于信息技术与服务领域,其研究的理论基础主要为期望确认理论(Oliver,1980)、技术接受模型(Davis,1989)、创新扩散理论(Rogers,1995)三大理论模型。基于期望确认理论,巴特查里亚(Bhattacherjee,2001)对网上银行用户持续使用意愿进行实证分析。林等(Hayashi et al.,2004)研究电子学习系统的持续使用意愿。林等(Lin et al.,2005)研究门户网站的持续使用意向。萨布丽娜等(Sabrina et al.,2006)研究知识管理系统的持续使用行为。基于技术接受模型,格芬(2003)对学生的 B2C 网上购物进行研究。陈和陆(2004)验证香港地区用户采纳和持续使用网上银行的影响因素。奈杜和伦纳德(2007)改进 TAM 模型,构建了一个电子服务的持续使用模型。基于创新扩散理论,帕塔萨拉蒂和巴特查里亚(1998)研究用户对在线服务的采纳后行为。卡拉汉那等(1999)运用 DOI 理论研究用户采纳和持续使用之间的区别。施红平（2008）通过引入新的创新特征变量，构造理论模型来实证研究某中文门户网站的持续使用行为。此外，还有学者借鉴互动理论（Lee et al.，2007）、社会交换理论（Kim & Son，2009）就信息技术持续采用进行了分析。国内相关研究起步较晚，在借鉴国外成果的基础上，结合我国信息技术与服务的发展实践，对视频、社交、政府、互联网网站（杨小峰、徐博艺，2009；刘莉，2012；刘勃勃、左美云；2012；朱多刚，2012；孙建军等，2013；刘人境、柴婧，2013）、移动商务服务（刘鲁川等，2011；肖怀云，2011；陆敏玲，2012；徐国虎等，2013）、网上银行（刘刚、黄苏萍，2010）、企业基层员工信息技术（孙霄凌等，2013）的用户持续采用意向进行了实证研究。

由于农户技术采用的特殊性与调研数据获取的有限性，国内外学者对于农业新技术的持续采用情况很少关注。因此，本章借鉴已有成果构建农户可持续生产技术采用的理论模型，并运用农户秸秆还田技术持续采用意向的调研数据进行实证分析。

7.1 研究假说与研究方法

7.1.1 研究假说

1. 农户技术采用满意度与持续采用意向的关系

顾客满意是指顾客在购买商品或享受服务时所感受到的，并且是发自内心的愉悦和满足感，顾客满意度即指这种愉悦与满足的程度。奥利弗（Oliver）早在1980年就得出了用户满意对于用户行为意向有正向影响。相关实证分析也表明用户满意度对其购买行为与再购买意愿产生影响（Anderson et al.，1994；Patterson，1997）。在互联网环境下，学术界对用户满意与用户使用意向的关系也进行了大量的研究。在用户信息技术采用过程中，用户满意是其持续使用门户网站的主要影响因素（Van Riel et al.，2001）。库玛等（2007）理论分析了电子政务服务质量影响用户满意度，进而影响用户采纳意愿。张等（Teo et al.，2008）通过构建电子政务网站持续使用模型分析感知质量、用户满意、持续使用意向三者之间关系，实证证实用户满意对持续使用意向、政府网站感知质量对用户满意都有正向影响。

农户技术采用实质为政府推广农户采用，农户享受政府服务，如采用满意将持续采用，如采用不满意将在日后生产中不予考虑，与购物或享受服务顾客有类似特性。本研究认为农户技术采用满意度表现为一种累积满意，农户依据过去采用某一项新技术的经验而对其形成的总体评价，这种总体性评价决定了农户是否会再次且持续采用该技术。因此，将农户技术采用满意度定义为农户对过去采用农业新技术的经历做出整体性评价后形成的满足程度，由此提出研究假说：

H1：农户技术采用满意度对持续采用意向有正向作用。

2. 技术感知有用性与持续采用意向的关系

技术感知有用性是指农户采用技术感知到利用新技术可以提高其生产绩效的程度。感知有用性是用户满意和持续使用意向的重要因素（Bhattacherjee，2001）。基于IS持续使用模型的实证表明感知有用性对用户满意和持续使用意向均有显著影响（Hsu et al.，2003）。通过对在线学习（Limayem & Cheung，2008）、在线服务（Chea & Luo，2007）、在线税收系统（Hu et al.，2009）、政府网站（Wangpipatwong et al.，2008）所做研究，也表明感知有用性是用户满意与持续使用意向的主要前因，感知有用性正向影响用户满意度。杨小峰、徐博艺（2009）在理论上提出了政府门户网站的持续使用模型假设，认为感知有用性与持续使用意向和用户满意度分别有正向相关关系。

本研究认为农户采用新技术的感知有用性与持续采用意向之间存在显著正向关系，感知有用性是持续采用意向的直接的决定因素之一；同时感知有用性也是农户技术采用满意度的一个前因。农户对于新技术采用的感知有用性将直接影响技术采用满意度，进而间接地影响农户技术持续采用意向。由此提出研究假说：

H2：农户技术采用满意度对持续采用意向有正向作用。

H3：农户感知有用性对农户技术采用满意度有正向作用。

3. 农户技术采用评价与采用满意度、感知有用性的关系及农户技术采用评价的维度

（1）农户技术采用评价与采用满意度、感知有用性的关系。

农户技术采用评价是农户采用某一项新技术后，将新技术与前期使用的技术进

第7章 农户可持续生产技术的持久采用意向分析

行对比获得相关评价结论，进而决定是否持续采用该项新技术。农户是否将持续采用某一项技术很大程度上取决于对该技术的采用评价，在此基础上再进一步做出决策。在农户技术持续采用阶段主要关注的是农户对技术有用性的感知与技术采用后的满意度，进而最终决定是否愿意持续使用。就实际情况看，农户采用技术时一般会通过观察或者试用，以掌握足够的新技术信息，并且与使用过的相关技术进行比较，如果感觉新技术对农业生产有用，采用后内心感觉满意，则对技术采用评价会高，农户将倾向于继续使用新技术，并且可能会加大采用程度与向其他农户推荐，如果感觉新技术对农业生产有用性不高，采用后感觉不满意，则评价对技术采用评价会低，农户可能放弃使用新技术。农户对技术采用后的评价主要通过感知有用性、农户满意度两个中介变量间接作用于技术持续采用意向。

（2）农户技术采用评价的维度。

罗杰斯（1983）研究发现技术本身的特性决定了其传播速度的快慢，这些特性主要包括技术创新本身所具有的相对优势、相容性、复杂程度、可试验性以及可观察性。依据这一结论，本研究将对农户技术采用评价的各个构成维度与农户技术采用满意度和感知有用性之间的关系进行分析。为了实现这一目的，在相关文献回顾和总结的基础上，提出农户技术采用评价包括新技术相对优势、稳定性、所需劳动量、简易程度、相容性五个维度。一是新技术相对优势。农户在新技术采用后，进行比较时通常会考虑该项新技术带来的产量增加、产品质量提高、市场收益提高、新技术采用成本，可持续生产技术还会考虑技术采用对于土壤与环境的保护。二是稳定性。稳定性指新技术采用时对外界不利环境的抵抗能力。农业生产直接面对且依赖于各种自然条件，这些外界因素不可抗拒，由此带来的很多灾害、病虫害等导致农业减产欠收，因此具有应对自然风险（如病虫害、旱涝以及气候变化等）和稳定抵抗能力的新技术是影响农户持续采用新技术的主要因素。三是所需劳动量。在非农就业机会较多的地区，农户会增加在非农活动上的劳动力投入从而采用节约劳动力的种植模式（McNamara & Weiss, 2005）。在当前农户兼业已成为农业生产主要特征的背景下，农户在评价新技术时会在一定程度上考虑技术是否省时省力与所需劳动量程度，至少保证采用新技术不必付出过多的劳动量。当一种新技术需要农户投入过多劳动量时，他们可能会选择放弃采用新技术，而选用相对省力的技术，从而将时间更多地投入到收入相对较高的非农兼业上。四是简易程度。农户所受教育高低影响了他们对新技术的理解和接受能力（Feder & Slade, 1984）。户主教育程度对技术采用有显著正影响（林毅夫，1991）。我国农民文化程度普遍不高，理解能力差成为技术采用的阻碍因素（崔宁波，2010）。如果新技术过于复杂，农户受制于自身文化素质无法很好地掌握应用，将会影响其采用效果，因此新技术在简易程度上是否易于农户掌握是农户持续采用新技术的一个标准，农户倾向于选择简单易学易用的新技术。五是相容性。相容性是其对当地环境变化的适应能力，主要指新技术是否适合当地使用、是否易于推广扩散、是否能在当地持续使用等。相容性好的新技术有利于保证农户种植效益，提高农户采用新技术评价，促进其持续采用。

本研究为了分析农户技术采用评价五个维度、农户技术采用满意度、感知有用性、持续采用意向之间的关系，假设 H4、假设 H5 均可拆分为维度层面的子假设：

H4a：农户技术采用评价的新技术相对优势正向影响农户技术采用满意度；

H4b：农户技术采用评价的稳定性正向影响农户技术采用满意度；

H4c：农户技术采用评价的所需劳动量正向影响农户技术采用满意度；

H4d：农户技术采用评价的简易程度正向影响农户技术采用满意度；

H4e：农户技术采用评价的相容性正向影响农户技术采用满意度；

H5a：农户技术采用评价的新技术相对优势正向影响感知有用性；

H5b：农户技术采用评价的稳定性正向影响感知有用性；

H5c：农户技术采用评价的所需劳动量正向影响感知有用性；

H5d：农户技术采用评价的简易程度正向影响感知有用性；

H5e：农户技术采用评价的相容性正向影响感知有用性。

农户技术持续采用意向是农户的一种行为倾向，属于农户主观意识。综合上述研究假说，提出理论模型结构如图 7-1 所示。

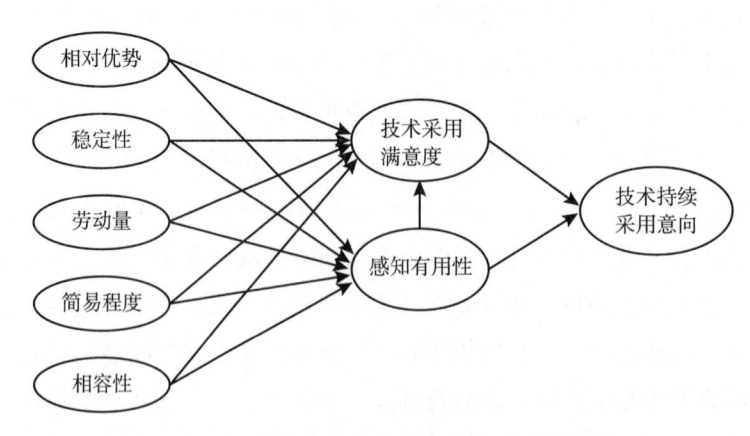

图 7-1 农户技术持续采用意向的理论模型

7.1.2 研究方法

随着经济社会的快速发展,传统统计分析方法由于其自身局限,无法有效处理相关领域所面临的需要分析多原因、多结果或不可直接观测变量(潜变量)的各种关系。1980年后,结构方程模型(structural equation modeling,SEM)应运而生且逐步发展成熟,其具有的能够就多变量或潜变量之间的多重联系进行定量分析的特点弥补了传统统计分析方法的局限,在社会科学与行为科学研究中得以广泛运用。

从结构方程模型的建构来看,包含不可直接观测变量与可观测变量(显变量)两类变量。不仅能够分析潜变量与显变量对系统的作用路径,而且能反映出各潜变量与显变量对系统的影响效应。从与其他分析方法比较来看,结构方程能够同时处理多个因变量,并能建立变量之间的理论结构,通过实践数据进行检验。

具体来看,结构方程模型具有能够综合处理多个因变量、同时估计潜变量结构及其关系、计算整个模型的整体拟合程度、容许自变量和因变量含测量误差与处理更加复杂的测量模型五大优点。能够同时处理多个因变量有利于避免考察单一因变量而忽视其他因变量的影响导致的结果失准;能够同时估计潜变量结构及其关系使得同时计算因子载荷、因子得分及其之间的关系成为可能;能够计算整个模型的整体拟合程度避免只计算单一路径系数带来的无法评价选择何种模型结构更体现实践数据之间的关系;容许自变量与因变量含测量误差对于如个体态度、行为等可能含有误差的变量,能够提供其相关系数的精度;能够处理更加复杂的测量模型凸显出结构方程模型能够更加接近经济社会日益繁杂的现实状况。

结构方程模型包括潜变量和观测变量。结构模型反映各潜变量之间结构关系。测量模型反映潜变量与观测变量之间的关系。具体方程形式如下:

$$\eta = b\eta + \gamma\xi + \zeta \quad (7-1)$$

$$Y = \Lambda_y \eta + \varepsilon \quad (7-2)$$

$$X = \Lambda_x \xi + \sigma \quad (7-3)$$

式(7-1)为结构模型,其中 η 为内生潜变量,ξ 为外源潜变量。式(7-2)、式(7-3)为测量模型,对应于式(7-1),Y 为内生潜变量的观测变量,X 为外生潜变量的观测变量。Λ_y、Λ_x 分别为内生潜变量、外生潜变量与各自观测变量的回归矩阵。潜变量可通过测量模型由观测变量反映。鉴于结构方程模型的所具优点,且农户技术持续采用意向具有难以直接测量和难以避免主观测量误差的基本特征。为验证上述研究假说,并结合调研实际状况,本章构建结构方程模型进行农户技术持续采用意向的主要影响因素分析。

7.2 样本说明与量表设计

本章选取本书第 4 章所用样本中已采用了秸秆还田技术的农户为研究对象,设计问卷进一步调研。之所以选择秸秆还田技术进行研究,是因为安徽省农业生产产生大量的秸秆,每个生产周期结束农户都通过焚烧秸秆来完成秸秆处理,这不仅造成秸秆资源的大量浪费,而且由于焚烧导致大气污染与环境破坏,并严重影响居民生活。秸秆还田技术兼具资源节约与环境友好双重特性,其推广使用能够加强农作物秸秆综合利用,提高水稻品质,解决滥施化肥农药造成的生态恶化,从而促进农民增产增收和农业资源的良性循环,推动水稻生产可持续发展,有效满足了当地农业发展需要。调研最终获取 222 户水稻种植户调查数据,所有问卷均有效。

调查问卷的设计围绕影响农户技术持续采用意向假说模型展开,主要包括农户技术采用评价的五个维度、新技术相对优势、稳定性、所需劳动量、简易程度与相容性、技术采用满意度、感知有用性、技术持续采用意向八个结构变量,共涉及 28 个观测指标。测量方法为李克特五级量表法,其具体形式是设计一组测量题项,这些测量题项都与被访者对某个观测题项的态度有关。如被访者在访谈中对被问题项持有肯定的态度,回答时就会做出积极性的陈述,回答选项设有"完全不同意""不同意""一般""同意""完全同意",分别对应上述回答赋值为 1、2、3、4、5。各观测变量的描述性统计见表 7-1。

表 7-1　　　　　　　　变量定义与测量

潜变量	测量题项	编号	均值	标准差
	较传统技术产量提高	A1	3.76	0.470
	较传统技术产品质量提高	A2	3.77	0.450
新技术相对优势	较传统技术产品市场收益提高	A3	3.38	0.610
	新技术成本低	A4	3.86	0.396
	保护环境	A5	3.92	0.305

续表

潜变量	测量题项	编号	均值	标准差
稳定性	新技术采用过程稳定	B1	3.85	0.381
	新技术采用中无变异性	B2	3.67	0.491
	抵抗外界不利因素能力强	B3	3.96	0.249
所需劳动量	新技术所需劳动力减少	C1	2.86	0.347
	新技术采用省力省时	C2	2.99	0.116
简易程度	新技术要点容易掌握	D1	3.96	0.257
	新技术采用过程清晰	D2	3.82	0.419
	新技术容易使用	D3	3.96	0.257
	新技术采用复杂度	D4	3.85	0.385
相容性	新技术适合当地使用	E1	3.76	0.451
	新技术在当地容易扩散	E2	3.73	0.467
	新技术能当地持续使用	E3	3.84	0.405
	新技术在当地容易推广	E4	3.80	0.425
技术采用满意度	采用新技术非常满意	F1	3.87	0.376
	感觉非常有成就感	F2	3.05	0.229
	感觉非常轻松	F3	2.99	0.134
感知有用性	新技术能提高生产效率	G1	3.74	0.468
	采用经历比期望的更好	G2	3.78	0.447
	带来好处比期望的多	G3	3.79	0.431
	总体感觉新技术非常有用	G4	3.77	0.450
持续采用意向	未来打算持续采用新技术	H1	3.86	0.384
	未来打算更多采用新技术	H2	3.40	0.517
	未来打算推荐朋友使用	H3	3.43	0.523

7.3 实证结果分析

结构方程模型统计检验方法主要有基于极大似然估计的协方差分析法（结构方程模型软件 Amos、Lisrel 等）和基于偏最小二乘的方差分析法（结构方程模型统计软件 VisualPLS）。前者一般要求较大样本量，且数据服从正态分布，后者对样本量和数据分布没有严格要求。由于本章利用的样本数据为 222 个，鉴于偏最小二乘的方差分析法对调研数据限制少，不仅能够在模型中同时分析构成型变量与反映型变量，而且对样本规模、变量独立性、残差分布也均无很强限制，所得结论可信度更高。因此，本章运用基于偏最小二乘法的结构方程模型统计软件 VisualPLS 进行数据分析。

7.3.1 调研数据的信度与效度分析

为确保数据的可靠与假说检验的有效性，对观测变量的量化结果进行信度与效度检验，结果如表 7-2 所示。在信度方面，8 个结构变量的信度系数 Cronbach's α 值均在 0.6 以上，说明结构变量的观测变量具有良好的内部一致性。各结构变量的组合信度均在 0.6 以上，这说明本模型具有较好的组合信度。

表 7-2　　　　　　　　　　信度检验表

潜变量	组合信度	Cronbach's α	平均提取方差（AVE）
新技术相对优势	0.882	0.798	0.631
稳定性	0.855	0.723	0.662
所需劳动量	0.784	0.697	0.645
简易程度	0.924	0.873	0.752
相容性	0.953	0.934	0.835
技术采用满意度	0.862	0.792	0.757
感知有用性	0.990	0.985	0.96
持续采用意向	0.889	0.827	0.728

在效度方面（见表 7-3），28 个观测变量中，"感觉非常有成就感（F2）"测量题项因子载荷小于 0.5，剔除后重新计算得出 27 个观测变量因子载荷均大于 0.5，且由 T 值表明都具有统计显著性，平均提取方差（AVE）也基本达到或超过 0.5 的判别标准，表明观测变量被其潜变量解释的变异量远高于其被测量误差解释的变异量。充分显示调查数据具有较强的收敛效度。

表 7-3 收敛效度检验表

潜变量	测量题项	因子载荷	T 值
新技术相对优势	A1	0.932	80.567
	A2	0.907	52.440
	A3	0.53	7.152
	A4	0.792	12.733
	A5	0.747	10.732
稳定性	B1	0.847	18.809
	B2	0.804	22.771
	B3	0.789	6.397
所需劳动量	C1	0.785	13.275
	C2	0.821	3.822
简易程度	D1	0.867	6.874
	D2	0.889	35.587
	D3	0.867	6.874
	D4	0.846	20.206
相容性	E1	0.967	124.666
	E2	0.948	67.007
	E3	0.835	21.663
	E4	0.900	30.098
技术采用满意度	F1	0.877	23.177
	F3	0.864	3.946
感知有用性	G1	0.955	66.552
	G2	0.992	302.606
	G3	0.980	103.355
	G4	0.991	280.863
持续采用意向	H1	0.779	33.131
	H2	0.884	29.991
	H3	0.893	31.382

注：T 值在 1.64、1.96、2.62 以上表示分别通过 10%、5%、1% 显著性水平检验。

判别效度检验标准要求各潜变量 AVE 值的平方根大于各潜变量之间相关

系数的绝对值。由表 7-4 可知，对角线上 AVE 值的平方根 0.794、0.814、0.803、0.867、0.914、0.87、0.98、0.853 都大于对角线左下角的相关系数，这说明研究中的各潜变量之间具有良好的判别效度。

表 7-4　　　　　　　　　　　　　判别效度检验表

	新技术相对优势	稳定性	所需劳动量	简易程度	相容性	技术采用满意度	感知有用性	持续采用意向
新技术相对优势	0.794							
稳定性	0.738	0.814						
所需劳动量	0.735	0.702	0.803					
简易程度	0.775	0.75	0.719	0.867				
相容性	0.607	0.697	0.655	0.769	0.914			
技术采用满意度	0.734	0.707	0.771	0.789	0.661	0.870		
感知有用性	0.667	0.726	0.763	0.723	0.814	0.639	0.980	
持续采用意向	0.588	0.759	0.669	0.505	0.599	0.499	0.651	0.853

7.3.2　结构方程模型分析

对潜变量之间的研究假说进行检验，得出路径系数与假设检验接受情况。T 值显示了潜变量间的路径系数结果（见表 7-5），路径图如图 7-2 所示。估计结果表明，除了假设 H3 和假设 H6 外，其余假设均得到验证。

表 7-5　　　　　　　　　　路径系数与假设检验结果

假设	路径系数	T 值	检验结果
相对优势→技术采用满意度	0.219	2.561	成立
相对优势→感知有用性	0.314	3.178	成立
稳定性→技术采用满意度	0.102	1.970	成立
稳定性→感知有用性	0.032	0.825	不成立
劳动量→技术采用满意度	0.434	3.063	成立
劳动量→感知有用性	0.268	2.786	成立
简易程度→技术采用满意度	0.693	10.454	成立

续表

假设	路径系数	T值	检验结果
简易程度→感知有用性	0.657	6.818	成立
相容性→技术采用满意度	0.193	2.725	成立
相容性→感知有用性	0.125	1.079	不成立
感知有用性→技术采用满意度	0.422	2.587	成立
满意度→持续采用意向	0.140	2.108	成立
有用性→持续采用意向	0.561	6.690	成立

注：T值在1.64、1.96、2.62以上表示分别通过10%、5%、1%显著性水平检验。

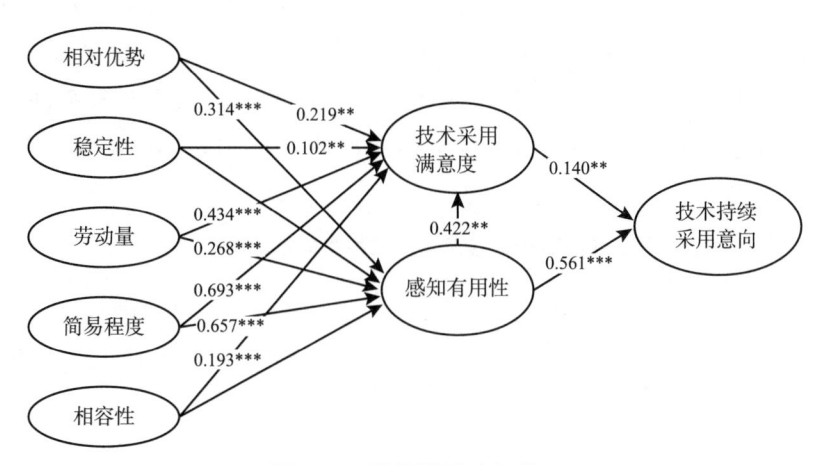

图7-2 结构模型路径关系

注：*、**、***分别表示在10%、5%和1%水平下通过显著性检验。

1. 潜变量对农户应对行为影响的路径分析

通过估计潜变量之间的总效应（直接影响效应与间接影响效应之和）来衡量影响因素对结果变量的影响强度。依据已验证的理论模型能够看出，农户技术采用评价的5个维度通过感知有用性与技术采用满意度的中介作用间接影响技术的持续采用意向，其间接影响路径有3条：通过技术采用满意度影响技术持续采用意向、通过感知有用性影响技术持续使用意向、通过感知有用性影响技术采用满意度进而影响技术持续采用意向。将同一条间接影响路径的几个路径系数相乘，可得到该农户技术采用评价维度对持续采用意向的间接影响系数，然后把同一维度的几个间接影响系数相加，就可以得到此维度对技术持续使用意向的总影响系数。

如表7-5、表7-6所示，感知有用性与技术采用满意度对技术持续采用意向有显著正向影响。相对优势对感知有用性与技术采用满意度有显著正向影响，进而对技术持续采用意向的总影响效应为0.23。稳定性对技术采用满意度有显著正向影响，其对技术持续采用意向的总影响效应为0.01。所需劳动量对感知有用性与技术采用满意度有显著正向影响，进而对技术持续采用意向的总影响效应为0.23。简易程度对感知有用性与技术采用满意度有显著正向影响，进而对技术持续采用意向的总影响效应为0.51。相容性对技术采用满意度有显著正向影响，其对技术持续采用意向的总影响效应为0.03。比较各潜变量的总影响效应来看，农户技术采用评价中的简易程度对技术持续采用意向的总影响最大，其他依次是相对优势、所需劳动量、相容性、稳定性。这意味着强化农户新技术持续采用意向最为关键的因素在于尽可能保证采用新技术的简化程度、提高新技术的相对优势与减少新技术采用的劳动与时间量。

表7-6　　　　　　　　技术评价对技术持续采用意向的影响

中间变量	相对优势	稳定性	劳动量	简易程度	相容性
技术采用满意度	0.03	0.01	0.06	0.1	0.03
感知有用性	0.18	—	0.15	0.37	—
有用性→满意度	0.02	—	0.02	0.04	—
总影响效应	0.23	0.01	0.23	0.51	0.03

技术稳定性与相容性对感知有用性的正向作用没有通过显著性检验，可能的解释是我国目前在农村进行多种新技术推广时，为了降低新技术采用风险，这些技术基本上在当地都进行过严格的前期采用试验，对新技术采用的稳定、变异、适应性等都已获得详细的采用数据，只有在各种条件均符合当地的情况下才会进入大规模推广阶段，因此使得新技术稳定性及相容性在农户新技术采用后，对于农户感知技术有用性影响不强烈且能转化为对新技术采用的满意程度。稳定性与相容性对感知有用性的路径系数为正，一定程度说明了稳定与相容对农户感知有用性有正向作用。

总体而言，农户技术采用评价对其技术持续采用意向的影响反映出在现阶段,即使是推动农业发展方式转变的可持续生产技术,实践中注重开发推广简单易学易用、能够提高产量且能有效减少劳动量的新技术也应是政府与社会努力的方向。推广低碳农业技术,需要综合考虑碳减排、农业增产、农民增收三方面的诉求(祝华军、田志宏,2012)。

2. 观测变量对潜变量影响分析

表 7-7 显示了观测变量与潜变量间的相互关系。在潜变量新技术相对优势中,五个观测变量均有显著影响。其中较传统技术产量提高、质量提高、保护环境、降低成本权重分列前 4 位,而产品市场收益提高权重最低,这表明目前无论采用何种新技术,在种植水稻收益难以增加的现实状况下,对于农户而言,首要关心的或是产量提高,或是产品质量提升,或是减少生产支出。具体到采用可持续生产技术,能够保护土地最终也将归结于降低施肥成本,因此越能够有效提升产量与质量、减少支出的新技术,农户越倾向于持续采用。

表 7-7　　　　　　　　　　　观测变量权重

潜变量	观测变量	观测变量权重	T 值
新技术相对优势	A1	0.292	14.905
	A2	0.296	14.766
	A3	0.092	7.825
	A4	0.263	17.856
	A5	0.271	17.316
稳定性	B1	0.334	11.951
	B2	0.433	5.066
	B3	0.468	6.705
所需劳动量	C1	0.597	5.137
	C2	0.648	3.871
简易程度	D1	0.275	6.614
	D2	0.308	7.031
	D3	0.275	6.614
	D4	0.295	6.562

续表

潜变量	观测变量	观测变量权重	T 值
相容性	E1	0.286	27.061
	E2	0.275	30.581
	E3	0.287	19.455
	E4	0.249	20.547
技术采用满意度	F1	0.587	4.716
	F3	0.562	3.969
感知有用性	G1	0.252	68.947
	G2	0.259	78.795
	G3	0.252	42.692
	G4	0.258	81.167
持续采用意向	H1	0.477	10.488
	H2	0.360	21.729
	H3	0.348	18.207

注：T 值在 1.64、1.96、2.62 以上表示分别通过 10%、5%、1% 显著性水平检验。

在潜变量所需劳动量中，劳动力减少、省时省力都有显著正向影响，省时省力权重最大。这是由多数水稻农户都从事兼业活动所决定的。耗费大量劳动力与时间的新技术即使对生产再有益，由于务农机会成本高，农户出于自身需要也不愿采用，更谈不上持续采用。

在潜变量简易程度中，四个观测变量都有显著正向影响且影响程度相差较小，意味着越是简单、易用、复杂程度低、无须花费较多时间学习的新技术，农户越易于持续采用。这与省时省力的新技术农户更愿意持续采用相互验证。

技术采用的稳定性与相容性两个潜变量对技术持续采用影响小，其观测变量权重在 0.25~0.45 之间，说明采用越稳定、抗不利因素能力越强、越适合当地使用且易于推广的新技术，越有助于提高农户的技术持续采用意向。

潜变量感知有用性与技术采用满意度的观测变量权重几乎相当，其影响方向一致，即持续采用意向越强的农户，在新技术采用之后都能够明显感受到新技术的好处与有用性，并且对于技术采用后的满意度也较高。

7.4 本章小结

本章选取第 4 章所用样本中已采用秸秆还田技术的 222 户农户为研究对象，设计问卷进一步获取调研数据，运用结构方程模型研究农户可持续生产技术持续采用意向。研究结果表明：

第一，农户技术采用评价、农户技术采用满意度、感知有用性、持续采用意向之间有密切关系，其中农户技术采用评价可以划分为新技术相对优势、稳定性、所需劳动量、简易程度、相容性五个维度构建结构方程理论模型。

第二，感知有用性与技术采用满意度对技术持续采用意向有显著正向影响。农户技术采用评价中相对优势、所需劳动量、简易程度三个维度通过对感知有用性与技术采用满意度的显著正向影响，从而对技术持续采用意向产生正向作用。稳定性与相容性两个维度通过对技术采用满意度的显著正向影响，从而对技术持续采用意向产生正向作用。技术稳定性与相容性对感知有用性的正向作用没有通过显著性检验。比较各潜变量对农户技术持续采用意向总影响效应，农户技术采用评价中的简易程度对技术持续采用意向的总影响最大，其他依次是相对优势、所需劳动量、相容性、稳定性。

第三，在观测变量中，较传统技术产量与质量提高对新技术相对优势影响最大；省时省力在潜变量所需劳动量中权重最大；其他潜变量的观测变量权重几乎相当，其影响方向均为正。

第 8 章

农户可持续生产技术采用的效应分析

安徽省为进一步挖掘水稻产业发展潜力，实现提升水稻单产与质量的双重目标，自 2006 年开始实施水稻产业提升行动，其核心是基于优化技术路线，着力构建高产集成、轻型高效和避灾减灾技术模式，增强科技对水稻增产增收的支撑作用的总体战略，对水稻种植过程中存在的管理过度轻简粗放、技术集成配套不够、避灾减灾技术推广不到位等突出问题加以解决。安徽省各地区在严格推广高产优质良种基础上，主推测土配方技术、秸秆还田技术、灌溉技术、免耕栽培技术、病虫害综合防治技术等适宜不同区域、不同播栽方式与不同品种类型的可持续生产技术，强化多种技术的集成采用，形成以节地、节水、节肥、节药、节种、节能为发展方向，重视秸秆还田利用，增加农田有机质投入和管理，大力发展以改善生态环境、提高资源利用率为主题的可持续稻作技术体系，取得了显著成效。

科学准确评价农户采用测土配方技术、秸秆还田技术、灌溉技术、免耕栽培技术、病虫害综合防治等多种可持续生产技术的集成效应，能够为多技术集成采用在全国推广提供必要的政策依据。因此本章以技术采用集成效应为研究对象，分为两大部分：首先利用粮食主产区的安徽省调研农户数据，运用 DEA 模型与 SFA 模型研究农户家庭经营技术效率，并将可持续生产技术纳入模型考察其对农户技术效率的影响，为研究农户可持续生产技术采用的集成效应提供支持；然后进一步基于倾向得分匹配方法（PSM），将集成采用可持续生产技术从其他影响农户生产技术效率的社会经济因素中独立出来，考察集成采用可持续生产技术对农户生产技术效率的影响效应。

8.1 农户可持续生产技术采用对水稻生产技术效率的影响

粮食问题关系到国计民生，稳定发展粮食生产是保障国家粮食安全的根本之策。长期以来，我国耕地面积供给偏紧，实现粮食安全的首要目标只有通过提高粮食单产的一种方式。在影响粮食单产的要素投入、技术进步与技术效率三大因素中，过去单纯依靠要素投入提高产量的粗放式增长方式带来了诸多生态问题，显然难以持续。因此加快技术进步，提升农业生产技术效率就成为未来农业生产稳定增长的现实选择。目前，家庭承包经营制度作为我国农村基本经济制度，农户不仅是农业生产的主体，而且是技术的采用者，其生产效率的高低不仅决定了农户发展，而且影响国家整体农业生产和粮食安全。如何系统评价农户家庭经营效率与技术采用的影响对寻求提升农业生产技术效率的路径、保持农业综合生产能力意义重大。

目前为止，国内外关于农业生产技术效率及其影响因素的已有研究主要内含于两个层面：一是国家和地区层面；二是微观农户层面。第一，基于国家和地区层面的研究。这类文献研究方法主要有参数回归方法和非参数估计方法。运用参数回归方面，卡里拉詹等（Kalirajan et al.，1996）基于随机前沿分析法与省际数据比较分析了中国家庭经营制度变迁前后的农业全要素生产率。丹尼尔（Daniel，2009）利用随机前沿分析法与1999年中国2037个县份农业投入产出数据考察农业生产技术效率水平。黄少安（2005）等运用面板回归计量方法实证分析了1949~1978年不同土地产权制度下中国大陆的农业生产效率。运用非参数估计方法，李周、于法稳（2005）通过DEA模型分析西部地区900个县农业生产效率的变动情况。李静、孟令杰（2006）基于非参数HMB指数分析中国农业生产率1978~2004年的变动与分解。方鸿（2010）利用DEA方法测度了1988~2005年中国各省份的农业生产技术效率。而对于具体粮食品种的研究，张越杰、霍灵光（2007）运用非参数HMB指数与DEA方法，张冬平、冯继红（2005）运用DEA方法，赵贵玉等（2009）运用非参数HMB指数和随机前沿分析法分别研究了水稻、小麦、玉米等生产技术效率。

第二，基于微观农户层面的研究。此类研究的方法集中于随机前沿分析法与传统 DEA 方法，近年开始尝试运用三阶段 DEA 模型剔除环境与随机因素影响分析农户生产技术效率。如范（Fan，1999）以江苏省水稻种植农户为例解释和分析中国农业技术进步、技术与配置效率。李谷成等（2007）以湖北省农户微观面板数据为例，运用随机前沿生产函数模型对农户家庭经营的全要素生产率、技术效率做了系统分析。屈小博（2009）采用超越对数随机前沿生产函数模型和陕西省果农微观数据，分析经营规模与农户生产技术效率的变动趋势。王玺（2011）基于随机前沿生产函数与果农微观数据分析了农户技术效率差异及影响因素。满明俊等利用 DEA 方法与陕、甘、宁三省农户调查数据，分析不同种类作物生产农户的生产技术效率水平及其差异。李然、冯中朝（2009）运用三阶段 DEA 模型剔除环境效应和随机误差考察了油料农户家庭经营技术效率。朱帆等（2011）则以三阶段 DEA 模型和畜牧农户实地调查数据为基础，进行了西藏"一江两河"地区 2009 年农业生产效率的实证分析。

综上所述，已有文献中基于国家与地区层面的研究较为系统，研究方法多样且呈现融合趋势，得出的结论也有重要的参考价值。然而，目前基于微观农户层面的研究很少将可持续生产技术纳入农户技术效率的影响因素进而考察其对技术效率的影响，鉴于此，本节以粮食主产区安徽省调研农户数据为例，运用 DEA 模型与 SFA 模型研究农户家庭经营技术效率，并考察可持续生产技术的影响，以此为进一步研究农户可持续生产技术采用的集成效应提供支持。

8.1.1 研究方法与数据说明

数据包络分析（DEA）是 1978 年由著名运筹学家查恩斯、库伯和罗兹（A. Charnes，W. W. Cooper & E. Rhodes）提出的，以相对效率概念为基础发展起来的一种判断决策单元（DMU）是否位于生产可能集的"前沿面"上的效率评价方法。由于 DEA 测算得出的投入产出松弛变量受到环境因素、管理效率与随机因素三部分的影响，无法剥离环境与误差因素对效率值的影响，而将所有影响归为 DMU 管理的无效率，因此不能完全体现 DMU 的真实效率。而通过第一阶段 DEA 模型测算效率值，在第二阶段构建类似 SFA 模型分解第一阶段 DEA 模型所得的投入松弛量，能够进一步鉴别出外部环境因素和随机因素对投入冗余的影响。

就我国农业而言，分散的农民处于社会最底层，其弱势地位造就了弱势群体，也由此决定了农业弱势的产业地位。国家农业政策、技术推广程度、社会对农业的偏见等各种因素均对农户水稻生产造成诸多影响，这些外部环境变量与随机因素深刻影响着农户生产技术效率。因此，本节首先进行DEA模型测算农户技术效率值，进而构建类似SFA模型分解DEA模型所得的投入松弛量，在控制相关变量的基础上分析农户采用可持续生产技术对水稻生产技术效率的影响。

1. 研究方法

（1）DEA模型。

DEA模型基于规模报酬是否可变，发展出了规模报酬不变的CCR模型和规模报酬可变的BCC模型。就现实状况而言，BCC模型更符合现实情况，通过其测算出的技术效率值（TE）能够进一步分解为纯技术效率（PE）与规模效率（SE），其中纯技术效率反映投入要素的使用效率，规模效率反映产出与投入的比例是否适当，公式为TE = PE × SE。为实现产出最大化，规模效率越高表示规模越适合，生产力也越大。本节因利用Deap2.1软件，以投入为导向的BCC模型进行分析，模型数学原理不再详述。

（2）SFA模型。

DEA模型测算得出的各投入变量松弛量同时受到环境因素、管理效率与随机因素的影响，通过进一步构建SFA模型分解DEA模型测算所得的投入松弛量，能够从中确定外部环境因素和随机因素，分析农户采用可持续生产技术对水稻生产技术效率的影响。

假设有I个DMU，在投入导向的分析下，分别对每个DMU的N个投入松弛变量进行SFA分析，构建如下SFA回归方程：

$$s_{ni} = f^n(z_i + \beta^n) + v_{ni} + u_{ni} \tag{8-1}$$

其中，n = 1, 2, …, N；i = 1, 2, …, I；s_{ni}表示第i个DMU第n项的投入松弛变量；$z_i = (z_{1i}, z_{2i}, …, z_{ki})$表示P个可观测的环境变量，$\beta^n$为环境变量的待估参数；$f^n(z_i + \beta^n)$表示环境变量对投入冗余$s_{ni}$的影响。$v_{ni} + u_{ni}$为混合误差项，$v_{ni}$为随机干扰，假设$v_{ni} \sim N(0, \sigma_{vn}^2)$，$u_{ni}$表示管理无效率，假设$u_{ni} \sim N(u^n, \sigma_{un}^2)$。$\gamma = \sigma_{un}^2/(\sigma_{un}^2 + \sigma_{vn}^2)$，当$\gamma$值趋近于1时，管理因素的影响占主导地位；当$\gamma$值趋近于0时，则表明随机误差的影响占主导地位。

2. 变量选取与数据说明

（1）投入产出指标选取。

依据 DEA 模型测算的数据要求与水稻生产特性，产出指标以水稻实际收获总产量来衡量。投入指标包括：①实际收获面积，即剔除播种期因自然灾害导致减产的面积后农户的实际粮食收获面积，以亩为单位。②劳动力投入，即水稻生产过程中实际投入的劳动工作，包括自身投工与雇工，以工日为单位（8 小时为 1 个工日）。③物质费用总投入，即水稻生产过程中消耗的各种农业生产资料费用，包括种子种苗费、农家肥化肥费用、农膜费用、农药费用、水电及灌溉费用、其他材料费、畜力费、机械作业费用、小农具购置费、其他间接费用等各项支出，以元为单位。

（2）环境变量选取。

如前面所述，调研农户主要采用测土配方技术、秸秆还田技术、免耕栽培、节水灌溉与病虫综合防治五种可持续生产技术。这五种可持续生产技术是近年政府重点推广的新技术，希望以此替代部分对资源环境造成浪费与破坏的传统生产技术与方式，从而实现农户生产方式的转变。此外采用这些技术或可资源节约利用，或可减少环境污染，均能不同程度减少肥料、农药投入与提高肥料利用率，如稻农采用测土配方施肥技术有利于水稻种植技术效率的提高（葛继红、周曙东，2012）。

为了简化分析，本节将农户采用可持续生产技术的数量作为调研区域的技术采用因素，将其纳入模型分析对农户技术效率的影响。假设在控制变量不变的情况下，农户采用可持续生产技术数量越多越有助于减少水稻种植技术效率损失。同时按照农户的现实状况，主要选取三个环境控制变量：①教育因素。舒尔茨（1964）认为改造传统农业的关键是提高人力资本，并特别强调了教育对农业生产效率提高的重要作用。农村人力资本水平提高一方面意味着自然资源、物质资本与劳动等投入在既定的条件下，生产可能性边界向外扩展；另一方面也意味着在既定产出条件下，自然资源、物质资本、劳动等投入的减少。无论哪种情况都表明农业生产技术效率的提升。因此，本节根据户主受教育年限进行设置，将户主按照教育年限分为四组（小学及以下 =1、初中 =2、高中或中专 =3、大专以上 =4），以此反映户主教育对农户生产技术效率的外部影响。②政策因素。农业发展一靠政策，二靠科学。我国的农业政策在调节农村生产关系、自觉运用农业经济规律、维护农民整体长远利益、促进科技发展等方面发挥着多重作用。近年来的粮食增产、农民增收、农村发展、农业增效就得益于中央的强农惠农政策。因此，本节选取粮食生产补贴数额来反映政策因素对农户家庭经营效率的影响。③经济因素。良好的外部经济环境有助于农户获得各种市场信息、农业科技以及公共服务，这些因素能有效提高农业生产效率，节约劳动投入，而且能使兼业型农户拥有更多的机会从事非农活动。在目前打工收入已成为农民收入重要组成部分的现实状况下，打工收入多必然会带来农业生产机会成本的提高，反过来影响农业生产，因此，本研究选取农户家庭非农收入综合反映农户生产所处的经济环境。

（3）数据说明。

本章以安徽省调研农户数据作为研究对象。安徽属于经济欠发达地区，并且为水稻主产区和国家粮食主产区，大多数农户既从事农业生产，又从事工业、商业等非农兼业活动。使用这套数据，能够较好地反映出农户家庭经营技术效率。样本对象与前面一致，涉及安徽省的11个固定观察村，共计669户农户。由于样本农户是以水稻生产为主，所以模型中输入输出指标均指水稻生产的投入产出指标。所选投入产出指标与环境变量数据的主要统计特征见表8-1。

表8-1　　　　　　　　选取变量的描述性统计特征

变量	最大值	最小值	平均值	标准差
总产量	15000	75	2617.7	2380.90
实际收获面积	35.60	0.20	5.49	6.08
物质费用总投入	15830	44	1952.80	2208.45
劳动力投入	30	3	15.58	11.70
生产各项补贴	2242.80	31.50	350.87	357.13
农户家庭非农收入	106097	0	16383.97	15223.18
户主教育程度	3	1	1.45	0.60
可持续生产技术采用	5	1	3.44	1.28

8.1.2 模型测算结果及分析

1. 农户技术效率测算

运用软件 Deap2.1 对调研的 669 户农户技术效率进行测算（见表 8-2）。669 户农户的生产技术效率值主要介于 0.037~1 之间，样本间差异性较大，生产技术效率值平均值为 0.422，意味着农户在现有生产过程中造成了 57.8% 的资源浪费，换言之，如果能够提高生产技术效率，保持现有技术和投入水平，产出仍有 57.8% 的提升空间。而纯技术效率均值为 0.514，规模效率均值为 0.846，纯技术效率均值远小于规模效率均值表明纯技术无效是导致资源低效利用的主要因素。

表 8-2　　　　　　　　农户生产技术效率总体状况

按效率分组	技术效率	纯技术效率	规模效率
0.3 以下	106	55	10
0.3~0.4	196	108	6
0.4~0.5	223	199	12
0.5~0.6	87	135	26
0.6~0.7	35	86	48
0.7~0.8	7	32	90
0.8~0.9	4	20	150
0.9~1	11	34	327
均值	0.422	0.514	0.846
最大值	1	1	1
最小值	0.037	0.119	0.137

2. 可持续生产技术对技术效率的影响

以 DEA 分析得出的 DMU 中各投入松弛变量作为被解释变量，以农户采用可持续生产技术的政府粮食生产补贴、农户家庭非农收入、户主教育程度、可持续生产技术采用四个环境变量作为解释变量，运用软件 Frontier4.1 得出 SFA

回归结果（见表8-3）。

表8-3　　　　　　　　　　　SFA回归结果

	物质投入松弛变量	劳动力投入松弛变量	耕地面积松弛变量
政府补贴	1.97E+00 **	3.10E-04	4.83E-05 ***
	2.58E+01	1.38E+00	5.05E+00
家庭非农收入	3.35E-03 *	5.71E-06 *	8.66E-07
	1.81E+00	1.93E+01	7.18E-01
户主教育程度	-5.29E+00 ***	-1.14E-01 **	-3.15E-02
	-1.46E+01	-2.13E+01	-3.82E-01
可持续生产技术采用	-2.48E+01 **	-1.70E-02	-1.41E-03 ***
	-2.16E+00	-5.80E-01	-2.74E+00
常数项	2.70E+02	-5.24E-01	-8.94E-02
	5.28E+00	-3.48E+00	-6.24E-01
σ^2	4.98E+05 ***	2.42E+02 ***	2.17E+01 ***
	4.92E+05	2.45E+02	2.29E+01
γ	0.9999 ***	0.9999 ***	0.9999 ***
	6.89E+03	3.33E+06	1.02E+09
似然函数值	-5.33E+03	-2.30E+03	-1.58E+03
LR单边误差检验值	1.52E+02	3.63E+02	3.99E+02

注：***、**、*分别表示在1%、5%及10%显著性水平下显著。

表8-3显示，统计量γ趋近于1表明管理因素影响占据主导地位且主要受到环境变量的影响，很少由随机因素导致。因此，运用SFA模型对农业投入松弛进行分解并分析环境因素对农户技术效率的影响是很有必要的。

由于在SFA模型中，因变量为各投入松弛变量，自变量为环境变量，因此当回归系数为正时，表明环境变量值增加将导致投入松弛量增加，即各投入变量的浪费与减少产出；反之，当回归系数为负时，则表明环境变量值增加有助于减少投入松弛量，即有利于减少各投入变量的浪费与降低负产出。进一步分析表8-3可知：

第一，可持续生产技术采用数量对于各松弛变量的系数均为负值，且除对劳动投入松弛量不显著外，对其他两个投入松弛量均通过5%与1%的显著性检验,与假设相符。这表明农户可持续生产技术采用数量越多,越能减少物质投入且能够对耕地形成一定的替代作用,从而减少物质投入与播种面积冗余,有利于投入量减少或产出的增加,提高农户技术效率。

第二,各控制变量的影响。一是粮食生产各项补贴对于各松弛变量的系数均为正值,且除对劳动投入松弛量不显著外,对其他两个投入松弛变量通过5%与1%的显著性检验,这表明政府各项补贴并没有对农业生产技术效率起到改进作用,提高补贴支出将导致投入松弛量的增加,其原因一方面可能是由于部分农户疏于耕作管理,目的不是为了实现更多的收成,而仅仅是为了获取补贴收入;另一方面政府补贴鼓励农户扩大生产规模,超出了其经营能力,由此致使要素投入增加但整体效率下降。二是农户家庭非农收入对于各松弛变量的系数均为正值,且除耕地面积松弛变量外,其他 t 值通过 10% 显著性检验,这反映出非农收入提高将增加投入冗余,导致其生产技术效率降低,究其原因恰恰与我国农村劳动力转移的现状相一致。在农民打工收入占家庭收入比例逐步增大的背景下,农村中青壮劳力大部分外出打工或兼业,势必影响农村劳动力投入质量,从而对农业生产技术效率产生负面作用。三是户主受教育程度对各投入松弛量的系数均为负值,除播种面积松弛变量外,其他两个松弛变量分别在 1% 与 5% 水平上显著,说明户主受教育水平提高能减少物质投入与劳动投入松弛,即有利于投入量的减少或产出的增加。

8.2 农户可持续生产技术采用的效应分析

农户采用测土配方技术、秸秆还田技术、免耕栽培、节水灌溉与病虫综合防治五种可持续生产技术有助于提高水稻生产技术效率。为了科学准确地评估多种可持续生产技术集成采用对农户水稻生产技术效率的效应,需要将可持续生产技术采用从影响农户水稻生产技术效率的其他各种社会经济因素中独立分离出来,否则,得出研究结论可能将产生偏差,从而产生错误的政策启示。鉴于此,本节运用罗森鲍姆和罗宾(Rosenbaum & Rubin,1983)提出的倾向得分匹配方法(PSM),将集成采用可持续生产技术从其他影响农户生产技术效率的社会经济因素中独立出来,以考察集成采用可持续生产技术对农户生产技术效率的影响效应及其稳健性。

8.2.1 研究方法

根据是否集成采用可持续生产技术，农户区分为两类：处理组（集成采用可持续生产技术农户）与对照组（未集成采用可持续生产技术农户）。对于集成采用可持续生产技术农户而言，现实可以观测到的是处理组集成采用可持续生产技术的事实，而处理组未集成采用可持续生产技术会如何是不可能观测到的，即不可能在同一时间观测到集成采用与未集成采用两个结果，这种状态也称为反事实（counterfactual）。倾向得分匹配方法就是为了获得反事实的结果（集成采用农户没有集成采用可持续生产技术的效应），解决这种不可观测事实的方法。倾向得分匹配方法（PSM）利用降维的思想，通过特殊方法将多个特征变量浓缩成一个指标——倾向得分值（propensity score，简称 PS 值），从而使多元匹配成为可能。罗森鲍姆和罗宾（1983）提出的倾向得分匹配方法基本思想是通过获得倾向得分值，找到一组和集成采用可持续生产技术的农户样本特征类似的没有集成采用可持续生产技术的农户，通过一定的方式匹配后，在其他条件完全相同的情况下，对处理组与对照组进行技术效率比较，由于两组农户特征变量相似，能够将两者技术效率差异归结为集成采用可持续生产技术的影响效应，从而有效控制样本选择偏误，准确估计平均处理效应（ATT）。倾向得分匹配方法的具体实现步骤包括倾向得分与样本匹配两部分。

1. 倾向得分

农户是否集成采用可持续生产技术是由其自身特征变量决定的。因此，倾向得分定义为在给定样本特征的情况下，农户集成采用可持续生产技术的条件概率，即：

$$p(X) = \Pr[T=1 \mid X] = E[T \mid X] \quad (8-2)$$

其中，T 表示一个指示函数，如果农户集成采用可持续生产技术，则 T = 1，未集成采用，则 T = 0。因此，假设其倾向得分 p(X) 已知，对于第 i 个农户而言，则集成采用可持续生产技术对农户技术效率的平均处理效应为：

$$\begin{aligned}
\text{ATT} &= E[Y_{1i} - Y_{0i} \mid T_i = 1] \\
&= E\{E[Y_{1i} - Y_{0i}] \mid T_i = 1, p(X_i)\} \\
&= E\{E[Y_{1i} \mid T_i = 1, p(X_i)] - E[Y_{1i} \mid T_i = 1, p(X_i)] \mid T_i = 1\} \quad (8-3)
\end{aligned}$$

式（8-3）中，Y_{1i} 和 Y_{0i} 分别表示同一个农户在集成采用可持续生产技术和未集成采用可持续生产技术两种情况下的技术效率。

倾向得分匹配方法主要通过创造随机试验条件进行集成采用可持续生产技术和未集成采用可持续生产技术的比较分析，需要满足两个假设：第一，条件独立分布假设。假设在一组不受集成采用可持续生产技术影响的可观测特征变量 X 下，潜在的个体技术效率独立于是否集成采用可持续生产技术。在此假设下，集成采用可持续生产技术对于农户是随机分配的，这样可以比较相同特征因素的农户集成采用可持续生产技术和未集成采用可持续生产技术下的技术效率。第二，共同支撑假设。假设倾向得分值在 0 与 1 之间，也就是具有相同特征变量 X 下的农户，集成采用可持续生产技术和未集成采用的正向概率。共同支撑假设排除了分布在倾向得分值尾部的农户个体样本，从而提高匹配质量。

在具体的实证研究中，倾向得分值往往是不可观测的，通常需要利用 Logit 或 Probit 等概率模型进行估计。依据德赫贾和沃赫拜（Dehejia & Wahba, 2002）的研究，获取倾向得分的基本步骤如下：

第一，估计 Logit 模型。

$$p(X_i) = \Pr[T_i | X_i] = \frac{\exp(\beta X_i)}{1 + \exp(\beta X_i)} \quad (8-4)$$

式（8-4）中，X_i 是一系列影响农户是否集成采用可持续生产技术的农户特征变量构成的向量，β 为相应变量的估计参数向量，$\exp(\cdot)/1 + \exp(\cdot)$ 表示逻辑分布的累积分布函数。通过 Logit 模型得到式（8-4）的参数估计值后，可以进一步得到每个农户集成采用可持续生产技术的概率值，此概率值就即为每个农户个体的 PS 值。

第二，根据上一步得到的 PS 值，将样本农户等分为 W 组。在每个细分组中，分别计算处理组和对照组的平均 PS 值，并判断二者之间是否存在显著差异，如果存在，则需要进一步细分组别，并重新进行上述检验。本章中取 W = 5。

第三，基于前两步进行连续操作，直到处理组和对照组在每个细分小组中的平均得分值都相等。进一步检验处理组和对照组中的各解释变量均值是否具有显著性差异，若存在显著性差异，则需重新返回上述步骤，重新设定 $\exp(\beta X_i)$ 函数的形式。

2. 匹配方法

在依据上述三个步骤计算得出倾向得分 PS 值后,仍然无法估计出式(8-3)的平均处理效应 ATT。原因在于 $p(X)$ 是一个连续变量,导致两个倾向得分值完全相同的样本难以寻找,从而无法实现处理组和对照组样本之间的匹配。目前,相关研究主要运用最近邻匹配法(Nearest Neighbor Matching)、半径匹配法(Radius Matching)、核匹配法(Kernel Matching)三种匹配方法来解决此问题。

第一,最近邻匹配法。

以上面估计出的 PS 值为依据,前向或后向寻找与处理组样本的 PS 值最为接近的对照组样本,以此作为处理组的匹配对象。设 T 和 C 分别为处理组和对照组样本构成的集合,Y_i^T 与 Y_j^T 分别为二者的观测结果。同时,设 $C(i)$ 表示与处理组中第 i 个观察值对应的匹配样本(来自对照组)构成的集合,其对应的 PS 值为 p_i。其匹配方法可设定如下:

$$C(i) = \min_j \| p_i - p_j \| \qquad (8-5)$$

第二,半径匹配法。

预先设定一个常数 r,对照组样本中的 PS 值与处理组样本 i 的 PS 值之间的差异小于预定常数 r 的样本将选定为匹配对象。其匹配方法可设定如下:

$$C(i) = \{ p_j \mid \| p_i - p_j \| < r \} \qquad (8-6)$$

通过使用最近邻匹配法与半径匹配法,能够进一步计算出处理组的平均处理效应 ATT。假设对于处理组中的第 i 个观察值($i \in T$),有 N_i^C 个匹配对象。如果 $j \in C(i)$,则设定权重为 $w_{ij} = 1/N_i^C$,否则设定权重 $w_{ij} = 0$。设处理组中共有 N^T 个观测对象,则平均处理效应的表达式为(Becker and Ichino,2002):

$$\tau^M = \frac{1}{N^T} \sum_{i \in T} Y_i^T - \frac{1}{N^T} \sum_{j \in C} w_j Y_i^C \qquad (8-7)$$

M 表示最近邻匹配法或半径匹配法,权重 $w_j = \sum_i w_{ij}$。

如果权重不发生变化,且处理组观测值相互独立,则平均处理效应 τ^M 的方差表达式为:

$$\operatorname{Var}(\tau^M) = \frac{1}{N^T} \operatorname{Var}(Y_i^T) + \frac{1}{(N^T)^2} \sum_{j \in C} (w_j)^2 \operatorname{Var}(Y_j^c) \qquad (8-8)$$

第三，核匹配法。

核匹配法平均处理效应的估计式为：

$$\tau^K = \frac{1}{N^T} \sum_{i \in T} \left\{ Y_i^T - \frac{\sum_{j \in C} Y_j^C G[(p_j - p_i)/h_n]}{\sum_{k \in C} G[(p_k - p_i)/h_n]} \right\} \quad (8-9)$$

式（8-9）中，$G(\cdot)$ 为核函数，h_n 为带宽参数，$\dfrac{\sum_{j \in C} Y_j^C G[(p_j - p_i)/h_n]}{\sum_{k \in C} G[(p_k - p_i)/h_n]}$ 是 Y_{0i} 的一致估计量。同时由于 τ^K 的标准误的具体表达式无法获得，为了克服潜在的小样本偏误对研究结论的影响，目前研究通常采用自抽样法（Bootstrap）求得相关统计量的标准误。遵循这一方法，本章通过200次自抽样获得 τ^K 的标准误。其实现步骤如下（Efron & Tibshirani，1993）：首先从原始样本中重复地随机抽取 n 个观察值作为经验样本，在运用上述的匹配方法计算这个经验样本的平均处理效应 ATT_1 后，再将前面两步重复进行200次，由此得到了200个平均处理效应 ATT 的经验统计量，计算这些统计量的标准误，就可得到原始样本 ATT 的标准误。

8.2.2 数据说明与样本描述性统计

1. 数据说明

本章所用研究数据为调研的669户安徽省水稻农户。考虑到未采用一项可持续生产技术的农户与采用五项可持续生产技术的农户均较少，运用倾向得分匹配方法进行分析不仅样本农户的代表性有限，且样本量偏小也容易引起匹配不当。因此研究按照采用一项以下可持续生产技术农户与采用四项以上可持续生产技术农户进行种植技术效率比较分析。由此根据观测样本农户是否集成采用可持续生产技术，样本农户最终形成"处理组"农户，即集成采用可持续生产技术的农户127户，占总样本的18.98%；"对照组"农户，即未集成采用可持续生产技术的农户153户，占总样本的22.87%。

2. 变量选取与定义

选取上面 DEA 模型测算出的效率值作为衡量农户水稻生产技术效率的指

标。鉴于农户的异质性对其生产技术效率的可能影响，本研究选取了户主年龄、户主文化程度、是否为村干部、技术风险类型、户主兼业、家庭务农劳动力、家庭种植规模、家庭总收入、与村民交流、信息获取渠道、加入合作社、农技人员指导、参加培训、政府推广、距离市场远近、环境认知、技术认知共17个变量作为控制变量，各变量定义与描述性统计如表8-4所示。

表8-4　　变量定义与描述性统计

变量名称	变量定义	均值	标准差
处理指示变量（T）	集成采用可持续生产技术T=1；未集成采用T=0	0.45	0.50
农户技术效率	按DEA测算值计算	0.42	0.13
户主年龄	按户主的实际年龄计算（岁）	58.46	10.24
户主文化程度	小学及以下=1；初中=2；高中或中专=3；大专及以上=4	1.45	0.63
是否为村干部	是=1，否=0	0.04	0.20
户主兼业	50%以上时间非农就业=1；50%以下=0	0.53	0.50
技术风险类型	风险厌恶=1；风险中立=2；风险偏好=3	1.95	0.51
务农劳动力数量	按实际人数计算（个）	1.48	0.62
家庭总收入	2万元以下=1；2万~4万元=2；4万~6万元=3，6万元以上=4	2.05	0.85
种植规模	按种植面积计算（亩）	5.00	4.94
与村民交流	是=1，否=0	1.00	0.06
获得技术信息渠道	按技术信息渠道计算（条）	2.01	0.82
加入合作社	是=1，否=0	0.02	0.15
农技人员指导	是=1，否=0	0.18	0.38
参加培训	是=1，否=0	0.22	0.41
政府推广	是=1，否=0	0.51	0.50
与市场距离	所在村到乡镇的距离（里）	4.41	2.29
环境影响认知	0~0.25=1；0.25~0.5=2；0.5~0.75=3；0.75~1=4	2.72	0.76
两型农技认知	按认知三项以上技术为准，是=1，否=0	0.87	0.34

初步考察集成采用可持续生产技术对农户技术效率的影响效应。如表8-5

所示，通过对处理组和对照组的农户技术效率与特征变量进行分析，可以看出可持续生产技术集成采用户的技术效率均值为0.455，高于非采用户的均值0.069；在农户特征变量方面，户主年龄、户主文化程度、是否为村干部、技术风险类型、户主兼业、家庭务农劳动力、家庭种植规模、家庭总收入、与村民交流、信息获取渠道、加入合作社、农技人员指导、参加培训、政府推广、距离市场远近、环境认知、技术认知也存在明显差异。"处理组"农户和"对照组"农户在技术效率方面的差异初步验证了集成采用可持续生产技术对农户技术效率的影响，但由于两组农户在其各特征变量上也存在显著差异，因此，必须排除农户特征变量差异的影响，对可持续生产技术采用的集成效应进行准确的判断。

表8-5 可持续生产技术集成采用户与非采用户描述性统计

变量名称	处理组（T=1）均值	处理组（T=1）标准差	对照组（T=0）均值	对照组（T=0）标准差
农户技术效率	0.455	0.10	0.386	0.14
户主年龄	57.87	10.50	58.95	10.04
户主文化程度	1.67	0.72	1.27	0.46
是否为村干部	0.08	0.27	0.01	0.11
户主兼业	0.64	0.48	0.44	0.50
技术风险类型	1.99	0.48	1.92	0.53
务农劳动力数量	1.43	0.60	1.52	0.64
家庭总收入	2.30	0.92	1.84	0.72
种植规模	5.59	4.73	4.51	5.07
与村民交流	0.99	0.09	1.00	0.00
获得技术信息渠道	2.07	0.94	1.94	0.63
加入合作社	0.04	0.20	0.01	0.08
农技人员指导	0.20	0.40	0.15	0.36
参加培训	0.23	0.42	0.20	0.40
政府推广	0.59	0.49	0.44	0.50
与市场距离	4.18	2.08	4.61	2.45
环境影响认知	2.80	0.96	2.62	0.76
两型农技认知	0.95	0.21	0.76	0.43

8.2.3 实证结果分析

1. 可持续生产技术集成效应的倾向得分计算

可持续生产技术集成效应的倾向得分是农户个体在其自身特征（一组既定的控制变量）下接受某种处理的可能性，其倾向得分是从 0~1 内的一个概率值。本章利用 Logit 回归模型拟合农户集成采用可持续生产技术的概率模型，首先运用逐步法逐一引入农户个体特征、家庭特征、技术环境等影响变量估算倾向得分，分析可持续生产技术集成采用户与非集成采用户倾向得分平衡性以及模型的 Pseudo R^2 值，最后选取户主年龄、户主文化程度、是否为村干部、户主兼业、家庭务农劳动力、家庭种植规模、家庭总收入、信息获取渠道、农技人员指导、政府推广、环境认知这组特征变量用于倾向得分估算。表 8-6 列出了变量选择和 Logit 模型估算结果。依据此估算结果，能够计算出农户集成采用可持续生产技术的倾向得分。

表 8-6　　　　　　　　倾向得分的 Logit 模型估算

变量名称	回归系数	Z 值
户主年龄	0.0366	1.67*
户主文化程度	1.0575	3.62***
是否为村干部	2.1305	1.96**
户主兼业	0.9292	2.16**
务农劳动力数量	-0.5106	-1.77*
家庭总收入	0.6618	3.00***
种植规模	0.0727	1.86*
获得技术信息渠道	0.5428	2.21**
农技人员指导	0.7706	1.98**
政府推广	1.4394	3.71***
环境影响认知	1.0317	3.57***
常数项	-2.4921	-1.20
Pseudo R^2	0.2526	

注：*、**、*** 分别表示在 10%、5% 和 1% 水平下通过显著性检验。

Logit 模型估算的 Pseudo R^2 值为 0.2526，选取特征变量能够满足平衡性的要求。Logit 模型结果表明各变量对于农户集成采用可持续生产技术的影响。从回归结果可以看，户主年龄越大，集成采用可持续生产技术的可能性越大；户主文化程度越高，集成采用可持续生产技术的可能性越大；农户是村干部的，集成采用可持续生产技术的可能性越大；户主进行兼业的，集成采用可持续生产技术的可能性越大；家庭务农劳动力为负值表明务农劳动力数量多，集成采用可持续生产技术的可能性越小；家庭种植规模越大，集成采用可持续生产技术的可能性越大；家庭总收入越高，集成采用可持续生产技术的可能性越大；信息获取渠道越多，集成采用可持续生产技术的可能性越大；农技人员指导与政府推广越多，集成采用可持续生产技术的可能性越大；而农户的环境认知水平越高，越可能集成采用可持续生产技术。

2. 样本匹配及平均处理效应分析

图 8-1 呈现了处理组和对照组的 PS 值在匹配前的核密度函数。通过图 8-1 可以明显看出，在匹配前两组 PS 值的核密度函数存在显著差异，这可能是因为研究中将所有农户都作为处理组和对照组进行了比较，显然，如果直接比较这两组样本农户之间的技术效率差异，所得结果必然是有偏的。

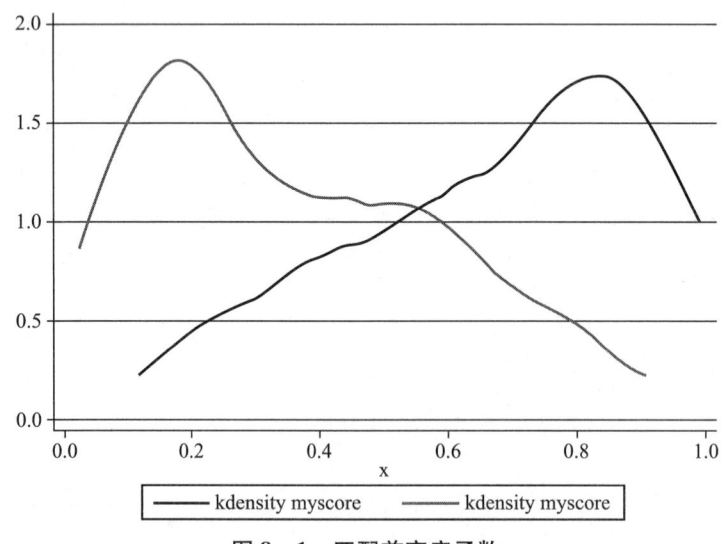

图 8-1 匹配前密度函数

运用上述最近邻居匹配法、半径匹配方法、核匹配方法三种方法分别计算农户集成采用可持续生产技术对农户技术效率的影响效应,结果如表8-7所示,表明匹配前后处理组与对照组的农户技术效率及其差异,ATT值反映了集成采用可持续生产技术对农户技术效率的影响效果。利用Bootstrap法检验影响效应的统计显著性和标准误,结果表明无论采用哪一种匹配法,集成采用可持续生产技术对农户技术效率都表现出显著的正向技术集成采用效应(分别在10%、5%、1%水平下显著)。同时采用不同的匹配方法所计算出的影响效应是有差别的。

表8-7　　　　　　　　　样本总体的平均处理效应

方法	变量名称	样本	处理组	对照组	ATT	标准误	t值
最近邻方法	技术效率	匹配前	0.455	0.386	0.069		
		匹配后	0.455	0.391	0.064	0.038	1.686*
半径匹配法 Caliper=0.001		匹配前	0.455	0.386	0.069		
		匹配后	0.455	0.394	0.061	0.023	2.663***
核匹配方法		匹配前	0.455	0.386	0.069		
		匹配后	0.455	0.408	0.047	0.020	2.308**
三种算法均值		匹配后			0.057		

注:匹配前是指没有进行倾向得分配对前的样本,匹配后是指进行匹配后的样本;***、**、*分别表示在1%、5%与10%水平下显著;标准误采用自抽样法(Bootstrap)反复抽样200次得到。

通过最近邻居匹配法,匹配前,处理组农户和对照组农户在技术效率的均值分别为0.455与0.386,差异为0.069。通过最近邻居方法匹配后,ATT值为0.064。通过半径匹配方法(Caliper=0.001)匹配后,处理组农户和对照组农户在技术效率的均值分别为0.455与0.394,ATT值为0.061;通过核匹配方法匹配后,处理组农户和对照组农户在技术效率的均值分别为0.455和0.408,ATT值为0.047。这三个差异反映出在控制了农户集成采用可持续生产技术的内生性后,可持续生产技术集成采用对农户技术效率的效用比匹配前分别下降了7.246%、11.59%、31.88%。

运用不同的匹配方法所计算出的结果虽然存在差异,但其影响效应的方向与趋势一致,究其原因,运用不同匹配算法进行计算将产生不同的共同支撑区域，由此导致在匹配过程中样本产生不同程度的损失，从而形成处理组与对照组匹配上的差异。进一步将不同匹配算法得到的效应进行平均，得到平均效应为0.057，以此与匹配前的效应估算结果进行比较，结果表明处理组与对照组匹配前高估了可持续生产技术集成采用的效应。倾向得分匹配法通过将可持续生产技术集成采用从其他影响农户技术效率的因素中独立出来，以此考察其对农户技术效率的影响，其结果可信度更高。

8.3 本章小结

本章利用安徽省调研农户数据，首先运用DEA模型与SFA模型研究农户技术效率与可持续生产技术对农户技术效率的影响；然后进一步基于倾向得分匹配方法（PSM）考察集成采用可持续生产技术对农户生产技术效率的影响效应。得到如下结论：

第一，调研农户的生产技术效率值平均值为0.422；可持续生产技术采用数量对于DEA模型计算的各松弛变量系数均为负值，且除对劳动投入松弛量不显著外，对其他两个投入松弛量均通过显著性检验，这表明农户可持续生产技术采用数量越多，越能减少物质投入且能够对耕地形成一定的替代作用，从而减少物质投入与播种面积冗余，有利于投入量减少或产出的增加，提高农户技术效率。粮食生产各项补贴对于各松弛变量的系数均为正值，且除对劳动投入松弛量不显著外，对其他两个投入松弛变量通过显著性检验，这表明政府各项补贴并没有对农业生产技术效率起到改进作用。农户家庭非农收入对于各松弛变量的系数均为正值，且除耕地面积松弛变量外均通过显著性检验，反映出非农收入提高将增加投入冗余，导致其生产技术效率降低。户主受教育程度对各投入松弛量的系数均为负值，除播种面积松弛变量外，其他两个松弛变量通过显著性检验，说明户主受教育水平提高能减少物质投入与劳动投入松弛，即有利于投入量的减少或产出的增加。

第二，进一步运用倾向得分匹配方法发现，该方法通过将集成采用可持续生产技术从其他影响农户生产技术效率的特征变量中分离出来，将两者技术效率差异归结为集成采用可持续生产技术的影响效应，从而有效控制样本选择偏误，准确估计可持续生产技术的集成效应。

第三，运用最近邻居匹配法、半径匹配方法、核匹配方法三种不同匹配方法所计算出的集成采用可持续生产技术对农户技术效率的影响效应方向和趋势一致，但其结果存在差异，其平均处理效应 ATT 值分别为 0.064、0.061、0.047，表明控制了农户集成采用可持续生产技术的内生性后，可持续生产技术集成采用对农户技术效率的效用比匹配前分别下降了 7.25%、11.59%、31.88%。进一步将三种匹配算法得到的集成效应进行平均，得到平均处理效应的均值为 0.057，与匹配前的效应估算结果进行比较，描述统计方法高估了可持续生产技术的集成采用效应。

第 9 章

研究结论与政策建议

9.1 主要研究结论

农业发展方式转变需要通过农户采用先进适用技术才能得以完成，研究农户技术采用及其效应有助于政府从微观层面实现农业发展与环境保护的双重目标。本书在对农户技术采用经济机理进行分析，提出基于过程的农户技术采用研究框架的基础上，通过对安徽省 11 个村，669 户农户 2012 年度可持续生产技术的采用状况进行调查获取数据，并利用经济计量模型从农户技术采用行为、农户技术持续采用意向以及农户技术采用的效应三个方面进行实证分析，得出以下结论：

第一，农户技术采用行为影响着农业可持续发展，将环境约束纳入农户技术采用模型对农户技术采用行为经济机理的研究发现：

农户在追求高产出、高收入、扩大消费的发展模式上，忽视了农业生态环境质量的恶化进程；而农户采用技术的边际收益等于边际成本。对个体采纳过程模型的对比分析表明农户技术整个采用过程总体可分为农户技术采用行为、农户技术持续采用两个阶段，即对农业技术的采用首先需要农户做出是否采用此类技术的决策，采用后进入农户技术持续采用阶段，这一阶段为农户技术的实际采用过程中是否相对满意，进而愿意持续采用。利用问卷调查方式获取截面数据的相关实证研究运用农户技术的持续采用意向来衡量农户技术的持续采用。

第二，运用全局 Malmquist‐Luenberger 生产率指数将环境因素纳入中国农业全要素生产率进行测算，考察中国农业技术进步现状，研究结果显示：

环境因素会显著影响中国农业生产效率增长水平的测算，不考虑环境因素的 Malmquist 指数严重高估了中国农业生产效率，无法真实体现中国整体农业粗放增长的现实状况。全局 Malmquist‐Luenberger 生产率指数年均增长为 1.9%，增长幅度有限，说明中国农业生产率增长完全来源于农业技术进步。具体分析区域农业全要素生产率，呈现出东部地区 > 西部地区 > 中部地区的特征，各省市全局 Malmquist‐Luenberger 生产率指数均小于 Malmquist 指数，技术进步指数也均小于 Malmquist 指数的技术进步指数，这意味着无论是发达省份还是落后省份，可能都处于农业粗放增长阶段。

第三，基于安徽省水稻种植农户采用测土配方施肥技术、秸秆还田、灌溉技术、免耕栽培技术、病虫害综合防治五种可持续生产技术的调研数据，运用 Multivariate Probit 回归模型对水稻种植农户可持续生产技术的采用行为及影响因素进行分析，研究表明：

调研区域样本农户年龄偏大，文化水平普遍很低，水稻种植规模偏小，以小规模经营为主，土地细碎化现象较为明显，农户兼业化程度较高。中低收入农户仍占较大比例。农户主要采用测土配方技术、秸秆还田技术、灌溉技术、免耕栽培技术、病虫害综合防治技术等多种措施。尽管农户对于可持续生产技术的认知程度很高，但农户采用可持续生产技术的程度相对较低。

在农户对水稻传统高产技术种植环境影响认知的分析中，农户已经认知到长期水稻传统高产技术种植的环境影响，但整体认知程度停留在一般水平。从四项具体环境影响看，农户对直接关乎土壤肥力的土壤污染效应认知最高，病虫害增加效应得分第二，水源污染得分第三，身体健康危害由于与产出的相关性很低，从而农户认知最少。户主年龄、是否为村干部、务农劳动力数量、水稻种植面积、获得技术信息渠道、是否有农技人员指导、是否参加培训、政府推广对于农户水稻种植环境效应的认知具有显著促进作用，家庭总收入对环境综合认知有显著负向影响。

对农户可持续生产技术采用行为的实证分析发现，水稻种植农户采用五种可持续生产技术决策相互依赖，存在互补关系，孤立地研究单项可持续生产技术可能会忽视技术之间的关联效应，据此估计的影响因素也会产生偏差。水稻种植农户对五种可持续生产技术采用的结果表明秸秆还田技术与测土配方施肥技术、免耕栽培技术存在互补效应；病虫害综合防治与测土配方施肥技术存在互补效应。影响农户采用不同可持续生产技术的因素具有异质性，其中主要受到村干部、文化程度、户主年龄、务农劳动力数量、种植规模、农技人员指导、政府推广、参加培训、与市场距离、农户环境影响认知等因素的影响。

第四，运用结构方程模型研究农户可持续生产技术持续采用意向。研究结果表明：

农户技术采用评价、农户技术采用满意度、感知有用性、持续采用意向之间有密切关系，其中农户技术采用评价可以划分为新技术相对优势、稳定性、所需劳动量、简易程度、相容性五个维度构建结构方程理论模型。感知有用性与技术采用满意度对技术持续采用意向有显著正向影响。农户技术采用评价中相对优势、所需劳动量、简易程度三个维度通过对感知有用性与技术采用满意度的显著正向影响，从而对技术持续采用意向产生正向作用。稳定性与相容性两个维度通过对技术采用满意度的显著正向影响，从而对技术持续采用意向产生正向作用。技术稳定性与相容性对感知有用性的正向作用没有通过显著性检验。比较各潜变量对农户技术持续采用意向的总影响效应，农户技术采用评价中的简易程度对技术持续采用意向的总影响最大，其他依次是相对优势、所需劳动量、相容性、稳定性。在具体的观测变量中，较传统技术产量与质量提高对新技术相对优势影响最大；省时省力在潜变量所需劳动量中权重最大；其他潜变量的观测变量权重几乎相当，其影响方向均为正。

第五，在运用 DEA 模型与 SFA 模型研究可持续生产技术对农户技术效率的影响后，进一步基于倾向得分匹配方法（PSM）考察采用可持续生产技术对农户生产技术效率的影响效应。研究结果表明：

调研农户的生产技术效率值平均值为 0.422；可持续生产技术采用数量对于 DEA 模型计算的各松弛变量系数均为负值，且除对劳动投入松弛量不显著外，对其他两个投入松弛量均通过显著性检验，这表明农户可持续生产技术采用数量越多，越能减少物质投入且能够对耕地形成一定的替代作用，从而减少物质投入与播种面积冗余，有利于投入量减少或产出的增加，提高农户技术效率。粮食生产各项补贴对于各松弛变量的系数均为正值，且除对劳动投入松弛量不显著外，对其他两个投入松弛变量通过显著性检验，这表明政府各项补贴并没有对农业生产技术效率起到改进作用。农户家庭非农收入对于各松弛变量的系数均为正值，且除耕地面积松弛变量外均通过显著性检验，反映出非农收入提高将增加投入冗余，导致其生产技术效率降低。户主受教育程度对各投入松弛量的系数均为负值，除播种面积松弛变量外，其他两个松弛变量通过显著性检验，说明户主受教育水平提高能减少物质投入与劳动投入松弛，即有利于投入量的减少或产出的增加。

进一步运用倾向得分匹配方法发现，通过该方法将集成采用可持续生产技术从其他影响农户生产技术效率的特征变量中分离出来，将两者技术效率差异归结为集成采用可持续生产技术的影响效应，从而有效控制样本选择偏误，准确估计可持续生产技术的集成效应。运用最近邻居匹配法、半径匹配方法、核匹配方法三种不同匹配方法所计算出的集成采用可持续生产技术对农户技术效率的影响效应方向和趋势一致，但结果存在差异，其平均处理效应 ATT 值分别为 0.064、0.061、0.047，表明控制了农户集成采用可持续生产技术的内生性后，可持续生产技术集成采用对农户技术效率的效用比匹配前分别下降了 7.246%、11.59%、31.88%。进一步将三种匹配算法得到的集成效应进行平均，得到平均处理效应的均值为 0.057，与匹配前的效应估算结果进行比较，描述统计方法高估了可持续生产技术的集成采用效应。

9.2 政策建议

根据上述研究结论，提出以下几点关于农户技术采用方面的政策建议，为政府决策提供参考。

第一，注重考量农户技术采用之间的关联效应，实现技术的协同采用。

实现可持续发展是中国农业未来的发展方向。在高度关注保障粮食安全与生态友好的大背景下，水稻的可持续生产事关人民生活水平，急需在农业生产中采用可持续生产技术来支撑。应以节地、节水、节肥、节药、节种、节能为重点，通过充分利用农作物秸秆、增加农田有机质投入与管理、发展生物农药与生物肥料等措施，大力发展以提高资源利用率、改善生态环境为主题的可持续稻作技术。在此过程中，一方面，政府相关部门应避免就单项技术进行推广，注重将技术成套化，形成一套完整的技术体系加以试验并逐步完善，从而发挥多种技术的"集成效应"，实现技术采用效用的最大化。另一方面，政府促进采用一项可持续生产技术的相关政策可能对其他相关可持续生产技术产生溢出效应,即在促使农户技术采用中,应综合考虑农户采用行为可能存在的替代与互补效应,对于存在互补关系的可持续生产技术应注重多种技术的协同采用,对于存在替代关系的可持续生产技术,应根据实际情况采取措施扭转农户对部分技术采用的偏见,从而鼓励农户积极采用多种可持续生产技术,实现水稻生产的可持续发展。

第二,农业技术创新要以技术的简单易用与省时省力为导向,有效满足农户需求。

技术创新无论对于发达国家还是发展中国家,其深刻影响都是不容置疑的。在以农业技术创新实现农业可持续发展的过程中,引导农业科研方向是政府的首要任务。

一是开发推广简单易学易用、能够提高产量且有效减少劳动量的新技术为导向,有效满足农户需求。正如前面调研所反映出的农户年龄偏大、文化水平普遍很低、水稻种植规模偏小、农户兼业化程度较高等基本特征,大都是半劳力的中国农户最排斥的是技术操作复杂、不易采用且劳动强度大的新技术,精耕细作的传统被逐渐摒弃,取而代之的是最受欢迎的简单易用、省时省力、见效快捷的先进适用技术。因此即使是推动农业发展方式转变的可持续生产技术,政府在实践中应结合农户基本特征与技术需求,以开发推广简单易学易用、能够提高产量且能有效减少劳动量的新技术为导向,及时跟踪农业科技最前沿,始终将最新、最先进的技术成果及时转化为适用技术,在保证技术采用经济效益的同时努力做到先进技术"傻瓜化",使农户一看就懂,一学就会,省事省力,简便实用。

二是既完成农业发展目标又要保护环境,努力实现经济、社会、生态效益协调发展成为创新可持续农业技术代替传统农业技术的主要目标。这意味着技术创新不仅要考虑经济效益而且注重环境保护。具体就可持续生产技术而言,农户作为采用主体,以追求利益最大化为目标,只有能够给其带来经济效益的技术才能得到农户的持续采用。而可持续生产技术的本质特性决定了其创新的艰难性,因此政府对于急需的纯粹环保类技术,除了短期内通过激励方式促使农户采用外,长期应尽快发展各种满足农户要求的替代技术。

第三,技术补贴、培训等多种形式相结合强化政府农业技术推广服务。

尽管目前我国农业技术推广存在管理体制不顺、运行机制不活、经费投入不足、条件建设薄弱、人员素质不高等诸多问题,但实地调研与研究的实证分

第9章 研究结论与政策建议

析仍凸显出农技指导、培训、推广项目等政府农业技术推广服务的显著作用。针对此种现状，必须通过政策引导与资金扶持等多项措施综合运用，广泛动员各方力量，合理配置各种资源，引导农业科研教学单位、农业生产经营组织、各类科技组织等参与农业技术推广服务，推动建立农业技术推广服务的联合协作机制，形成多种经济成分、多渠道、多层次并存的新型基层农业技术推广服务网络，通过综合运用技术补贴、培训等多种形式相结合，逐步强化政府农业技术推广服务，进而为转变农业发展方式，实现农业可持续发展提供技术支撑。

一是政府要创新推广理念，逐步引导形成多方组织联合协作机制。以政府为主导，以农户需求为导向，农业推广部门及时将市场需求信息、先进技术传递给农户，解决技术推广的"最后一公里"问题，让农户自己选择，引导千家万户自愿采用可持续生产技术。促使以"技术"为主要形式的技术推广理念向以"人"为主的技术推广理念转变。要以农户为导向加快推进科研、农技推广、企业等机构的协同创新，实现各主体间科技资源开放共享，强化科技创新与应用的合力。

二是在不断完善农业技术推广体系，加大实施讲座、现场观摩与田间试验等多种形式的技术指导，加大农户技术采用的培训力度。公共组织的科技服务供给是农业科技顺利植入农业生产的关键因素（王青等，2011），作为农村公共服务供给主体，政府应该不断加大农村公共科技服务的供给支持力度，可以单独设置农户可持续生产技术培训项目，将其纳入新型农民技能培训范围，配合讲座、现场观摩与田间试验等多种技术指导方式，并针对技术推广的新特点，做到乡镇技术指导员依托农技推广机构，与农户建立利益联系，结对帮扶，村中技术辅导员手把手地帮助农民掌握技术、传授经验。从而加强政策制定者、农户、农业技术推广人员、农业技术创新人员多个主体之间的互动水平，提高农户可持续生产技术采用水平，加速可持续生产技术的扩散速度。

三是建立可持续生产技术补贴投入的长效机制，加快推广可持续生产技术。资源节约型和环保型技术两类技术都具有很强的公益性，属WTO"绿箱"政策重点支持范畴。但目前我国对这类技术补贴较少，还缺乏系统性、长期性技术补贴政策（邓祥宏、穆月英，2011）。通过项目实施取得显著成效，但这类项目往往缺乏长效机制，项目一旦停止就难以为继。因此，将可持续生产技术补贴投入置于种粮农民直接补贴、良种补贴、农机具购置补贴和农资综合补贴同等重要的位置，通过制定政策使其常态化将有利于激励农户采用，加快该类技术推广应用。

第四，加强农户可持续农业生产相关知识教育，大力提升其综合文化素质。

农业劳动力素质的高低将直接关系到可持续农业生产技术转化为生产力，本书实证研究也证明农户文化程度对于促进可持续生产技术采用的重要性。在工业化、城镇化加速发展的背景下，农村劳动力大量转移，农业开始出现了老龄化、兼业化甚至边缘化的倾向。从国际农业发展规律来看，这种倾向都是普遍的、不可逆转的。关键是面对这一现实，如何使越来越老龄化的农业劳动力成为新型农民。一般来说，种粮农户年龄偏大，文化水平低，接受新事物慢，不善于经营。因此，政府要改变农民教育的"短平快"的特点，积极发展农村职业教育与成人教育，并辅之以电视、广播、宣传栏等农户方便接收的媒体形式向广大农户进行可持续生产的宣传，力争做到系统性与连续性，将可持续农业生产相关知识教育纳入常规性工作中，提高农户对环境污染的认知水平，既起到立竿见影的效果，又着眼于整体素质的提高，打好基础。此外，农民田间学校培训也可以有效提高农民的生态环境保护意识，其采取的培训、田间教学和农民参与讨论的方式，使农民将其在实践中学到的技术向周围的人群传播，进而使农民由传统技术培训活动中的被动者变为主动者（蔡金阳等，2012）。农民田间学校是一种适应中国农民发展现状、提升其综合素质的有益形式。

第五，充分发挥以合作社为代表的新型农业经营主体在农技创新与推广中的作用。

新型农业经营主体包括农民合作社、专业大户、家庭农场、农业产业化龙头企业等多种组织形式，其中以农民合作社最为典型，《中华人民共和国农民专业合作社法》于2007年颁布实施更是凸显了农民合作社对于中国农业发展的重要性，其所具有的组织载体作用使得合作社能与其他各类新型农业经营主体一起共同推进农业现代化进程。具体来看：一是合作社有助于加快推进农业科技成果转化与农业科技成果示范。合作社作为特殊经济组织，通过有效发挥其组织优势，与农业院校、科研单位、农业技术推广机构直接建立长期广泛的联系，成为农业科技成果转化与示范的重要试验地与前沿阵地，从而不仅在农业实践中不断技术创新，而且能够为小农户提供农业生产经营有关的技术推广与信息等服务。二是合作社有助于农户技术采用与农产品生产专业化、品牌化、规模化发展的相互促进。在农产品生产专业化、品牌化与规模化的过程中提升农户的技术采用水平。一方面，农民合作社通过促进合作社成员从技术联合走向销售联合，迈向农产品生产专业化、品牌化与规模化发展；另一方面，农产品生产专业化、品牌化与规模化发展又在农户实际生产中促进了农户的技术采用，二者相互促进。三是合作社有利于加快实现农业生产管理技术的现代化。与各种新技术要求相配套的生产管理技术有力地促进了农业生产管理的现代化。以合作社为载体，有助于推进从"农户采用可持续生产技术—建立生产记录制度—农产品质量可追溯管理体系"这一过程的建立，从而实现农产品标准化、安全化生产。

　　由此可见，政府支持农民合作社发展本意在于提高农民组织化程度，加强农户之间的联合，使得小农户与大市场有效连接，进而实现农业可持续发展。然而，在农户可持续生产技术采用行为的实证分析中发现，农户是否加入合作社对于农户传统高产技术环境影响认知、农户可持续农业采用行为作用基本都不显著，究其原因，在目前我国农民合作社快速发展的大背景下，农民合作社数量虽大幅增加，但其发展质量却不尽如人意，农民合作社无法起到政府与社会所期望的组织载体发挥技术指导与信息传递作用。因此，积极提升合作社发展质量，数量与质量并重，将农业技术推广与合作社为代表的各类新型农业经营主体有机结合，依托以合作社为代表的新型农业经营主体创办农技推广服务网点，解决部分基层无农技推广网点的难题，使农业技术推广工作能够"点、线、面"连成一体，从而充分发挥新型农业经营主体的组织载体作用，逐步解决一家一户生产管理与技术推广的难题，走完"最后一公里"，更好地为农户提供相关技术服务。

参考文献

[1] 蔡金阳,胡瑞法,肖长坤,王晓兵.农民田间学校培训对农民环境友好型技术采用的影响研究——以北京市设施番茄生产为例.中国农业科学,2012,45(5):1023-1030.

[2] 曹光乔,张宗毅.农户采纳保护性耕作技术影响因素研究.农业经济问题,2008(8):69-72.

[3] 陈玉萍,吴海涛,陶大云,Sushil Pandey,徐鹏,胡凤益,丁士军,王怀豫,冯璐.基于倾向得分匹配法分析农业技术采用对农户收入的影响——以滇西南农户改良陆稻技术采用为例.中国农业科学,2010,43(17):3667-3676.

[4] 陈超,李道国.品种权保护对农户增收和影响分析.农村经济,2004(9):38-42.

[5] 陈卫平.中国农业生产率增长:技术进步与效率变化:1990~2003年.中国农村观察,2006(1):18-23.

[6] 蔡荣,蔡书凯.保护性耕作技术采用及对作物单产影响的实证分析——基于安徽省水稻种植户的调查数据.资源科学,2012(9):1705-1711.

[7] 崔宁波.基于现代农业发展的农户技术采用行为分析.学术交流,2010(1):81-84.

[8] 褚彩虹,冯淑怡,张蔚文.农户采用环境友好型农业技术行为的实证分析——以有机肥与测土配方施肥技术为例.中国农村经济,2012(3):68-77.

[9] 邓祥宏,穆月英,钱加荣.我国农业技术补贴政策及其实施效果分析——以测土配方施肥补贴为例.经济问题,2011(5):79-83.

[10] 方鸿.中国农业生产技术效率研究:基于省级层面的测度、发现与解释.农业技术经济,2010(1):34-41.

[11] 高启杰.农业技术推广中的农民行为研究.农业科技管理,2000

(1): 28-30.

[12] 葛继红, 周曙东, 朱红根, 殷广德. 农户采用环境友好型农业技术行为研究——以配方施肥技术为例. 农业技术经济, 2010 (9): 57-63.

[13] 韩洪云, 杨增旭. 农户农业面源污染治理政策接受意愿的实证分析——以陕西眉县为例. 中国农村经济, 2010 (1): 45-52.

[14] 韩洪云, 杨增旭. 农户测土配方施肥技术采纳行为研究——基于山东省枣庄市薛城区农户调研数据. 中国农业科学, 2011 (23): 4962-4970.

[15] 韩军辉, 李艳军. 农户获知种子信息主渠道以及采用行为分析——以湖北省谷城县为例. 农业技术经济, 2005 (1): 31-35.

[16] 胡瑞法. 农业科技革命: 过去和未来. 农业技术经济, 1998 (3): 2-11.

[17] 胡瑞法, 李立秋, 张真和, 石尚柏. 农户需求型技术推广机制示范研究. 农业经济问题, 2006 (11): 50-56.

[18] 黄季焜, 胡瑞法, 智华勇. 基层农业技术推广体系30年发展与改革, 政策评估和建议. 农业技术经济, 2009 (1): 4-11.

[19] 黄季焜. 农业技术进步测定的理论方法. 北京: 中国农业科技出版社, 1994.

[20] 黄季焜, 胡瑞法, 宋军, 罗泽尔. 农业技术从生产到采用: 政府、科研人员、技术推广人员与农民的行为比较. 科学对社会的影响, 1999 (1): 55-61.

[21] 黄季焜, 齐亮, 陈瑞剑. 技术信息知识、风险偏好与农民施用农药. 管理世界, 2008 (5): 71-76.

[22] 黄武. 农户对有偿技术服务的需求意愿及其影响因素分析——以江苏省种植业为例. 中国农村观察, 2010 (2): 54-62.

[23] 黄少安, 孙圣民, 宫明波. 中国土地产权制度对农业经济增长的影响. 中国社会科学, 2005 (3): 38-49.

[24] 简小鹰, 冯海英. 贫困农村社区不同类型农户信息需求特性分析. 中国农业科技导报, 2007 (9): 112-115.

[25] 孔祥智. 西部地区农户禀赋对农业技术采纳的影响分析. 经济研究, 2004 (12): 85-95.

[26] 亢霞, 刘秀梅. 我国粮食生产的技术效率分析. 中国农村观察,

2005（4）：25 - 32.

[27] 廖西元，陈庆根，王磊，胡慧英. 农户对水稻科技需求优先序. 中国农村经济，2004（11）：36 - 43.

[28] 廖西元，王磊，王志刚，胡慧英. 稻农采用机械化生产技术的影响因素实证研究. 农业技术经济，2006（6）：43 - 48.

[29] 廖西元，王志刚，朱述斌，申红芳，胡慧英，王磊. 基于农户视角的农业技术推广行为和推广绩效的实证分析. 中国农村经济，2008（7）：4 - 13.

[30] 刘进宝，刘洪. 农业技术进步与农民农业收入增长弱相关性分析. 中国农村经济，2004（9）：26 - 30.

[31] 刘莉. 社交网站用户持续使用行为研究——基于信息获取和人际交互的视角. 情报理论与实践，2012（11）：17 - 22.

[32] 刘勍勍，左美云. 基于期望确认理论的老年人互联网应用持续使用实证分析. 管理评论，2012（5）：89 - 101.

[33] 刘人境，柴婧. SNS社交网络个人用户持续使用行为的影响因素研究. 软科学，2013（5）：132 - 135.

[34] 刘鲁川，孙凯，王菲，张新芳. 移动搜索用户持续使用行为实证研究. 中国图书馆学报，2011（6）：50 - 57.

[35] 刘刚，黄苏萍. 用户控制感知对网上银行持续使用行为的影响分析. 经济理论与经济管理，2010（1）：58 - 61.

[36] 林毅夫. 中国农业在要素市场交换受到禁止下的技术选择. 制度、技术与中国农业发展，2008：146 - 166.

[37] 李圣军，孔祥智. 农户技术需求优先序及有效供给主体研究. 新疆农垦经济，2010（5）：11 - 16.

[38] 李争，杨俊. 农户兼业是否阻碍了现代农业技术应用——以油菜轻简技术为例. 中国科技论坛，2010（10）：144 - 150.

[39] 李立秋，刘万才. 树立公共推广理念加速农技体系建设. 中国农技推广，2008（6）：4 - 7.

[40] 李大胜，李琴. 农业技术进步对农户收入差距的影响机理及实证研究. 农业技术经济，2007（3）：23 - 27.

[41] 李忠鹏. 技术进步与农民增收. 农村经济，2006（11）：58 - 59.

［42］李中东，孙焕．基于DEMATEL的不同类型技术对农产品质量安全影响效应的实证分析——来自山东、浙江、江苏、河南和陕西五省农户的调查．中国农村经济，2011（3）：26－34.

［43］李谷成，冯中朝，占绍文．家庭禀赋对农户家庭经营技术效率的影响冲击——基于湖北省农户的随机前沿生产函数实证．统计研究，2008（1）：35－42.

［44］李谷成．技术效率、技术进步与中国农业生产率增长．经济评论，2009（1）：60－68.

［45］李谷成，冯中朝，范丽霞．农户家庭经营技术效率与全要素生产率增长分解（1999～2003年）——基于随机前沿生产函数与来自湖北省农户的微观证据．数量经济技术经济研究，2007（8）：25－34.

［46］李静，孟令杰．中国农业生产率的变动与分解分析：1978～2004．数量经济技术经济研究，2006（5）：11－19.

［47］李波．经济增长与农业碳排放关系的实证研究．生态环境学报，2012，21（2）：220－224.

［48］李小军．粮食主产区农民收入问题研究：[博士学位论文]．北京：中国农业科学院，2005.

［49］李周，于法稳．西部地区农业生产效率的DEA分析．中国农村观察，2005（6）：2－11.

［50］李然，冯中朝．环境效应和随机误差的农户家庭经营技术效率分析——基于三阶段DEA模型和我国农户的微观数据，财经研究，2009（9）：92－102.

［51］陆敏玲．影响农民持续使用移动信息服务平台的因素研究．价值工程，2012（11）：1－3.

［52］满明俊，周民良，李同昇．农户采用不同属性技术行为的差异分析——基于陕西、甘肃、宁夏的调查．中国农村经济，2010（2）：68－78.

［53］满明俊，李同昇，李树奎，李普峰．技术环境对西北传统农区农户采用新技术的影响分析——基于三种不同属性农业技术的调查研究．地理科学，2010（1）：66－74.

［54］满明俊，周民良，李同昇．西北地区的农户技术效率分析——基于陕、甘、宁的调查．经济经纬，2011（2）：60－64.

[55] 钱鼎炜. 茶叶新品种技术扩散对不同农户收入的影响——以福建省茶产区农户为例. 农业技术经济, 2012 (3): 65-70.

[56] 屈小博. 不同规模农户生产技术效率差异及其影响因素分析——基于超越对数随机前沿生产函数与农户微观数据. 南京农业大学学报（社会科学版）, 2009 (3): 27-38.

[57] 申红芳, 廖西元, 陈金发, 朱述斌. 超级稻示范推广中的技术到位率与产量差异对应分析. 中国稻米, 2008 (5): 12-16.

[58] 宋军, 胡瑞法, 黄季. 农民的农业技术选择行为分析. 农业技术经济, 1998 (6): 37-40.

[59] 苏岳静. 农户抗虫棉技术采用研究：[硕士学位论文]. 北京：中国农业科学院, 2002.

[60] 孙建军, 裴雷, 刘虹. 基于期望确认模型的视频网站持续使用模型构建. 图书情报知识, 2013 (5): 82-88.

[61] 孙霄凌, 朱庆华, 范哲, 吴克文. 传统产业企业基层员工信息技术持续使用研究——基于江苏南通纺织业的实证分析. 情报科学, 2013 (7): 112-120.

[62] 石慧, 孟令杰, 王怀明. 中国农业生产率的地区差距及波动性研究——基于随机前沿生产函数的分析. 经济科学, 2008 (3): 20-33.

[63] 谭英, 王德海, 谢泳才. 贫困地区农户信息获取渠道与倾向性研究——中西部地区不同类型农户媒介接触行为调查报告. 农业技术经济, 2004 (2): 28-33.

[64] 唐博文, 罗小锋, 秦军. 农户采用不同属性技术的影响因素分析——基于9省（区）2110户农户的调查. 中国农村经济, 2010 (6): 49-57.

[65] 万宝瑞. 实现农业科技创新的关键要抓好五大转变. 农业经济问题, 2012 (10): 4-7.

[66] 汪三贵, 刘晓展. 信息不完备条件下贫困农民接受新技术行为分析. 农业经济问题, 1996 (12): 31-37.

[67] 王玄文, 胡瑞法. 农民对农业技术推广组织有偿服务需求分析——以棉花生产为例. 中国农村经济, 2003 (4): 63-68.

[68] 王浩, 刘芳. 农户对不同属性技术的需求及其影响因素分析——基于广东省油茶种植业的实证分析. 中国农村观察, 2012 (1): 53-64.

[69] 王志刚, 王磊, 阮刘青, 廖西元. 农户采用水稻轻简栽培技术的行为分析. 农业技术经济, 2007 (3): 102-107.

[70] 王静, 霍学喜. 果园精细管理技术的联立选择行为及其影响因素分析——以陕西洛川苹果种植户为例. 南京农业大学学报 (社会科学版), 2012 (2): 58-67.

[71] 王金霞, 张丽娟. 保护性耕作技术对农业生产的影响: 黄河流域的实证研究. 管理评论, 2010 (6): 77-84.

[72] 王玺. 农户技术效率差异及影响因素实证分析——基于随机前沿生产函数与果农微观数据. 经济问题, 2011 (6): 72-77.

[73] 王青, 于冷, 王英萍. 上海农业科技社会化服务需求的调查分析. 农业经济问题, 2011 (7): 67-72.

[74] 吴敬学. 中国农户技术需求行为的经济机理分析. 江西财经大学学报, 2008 (4): 50-54.

[75] 向国成, 韩绍凤. 农户兼业化: 基于分工视角的分析. 中国农村经济, 2005 (8): 4-9.

[76] 邢美华, 张俊飚, 黄光体. 未参与循环农业农户的环保认知与影响因素研究. 中国农村经济, 2009 (4): 72-79.

[77] 徐勇, 邓大才. 社会化小农: 解释当今农户的一种视角. 学术月刊, 2006 (7): 5-13.

[78] 徐国虎, 孙凌, 许芳. 网络用户移动签到服务持续使用意愿研究. 中南财经政法大学学报, 2013 (4): 131-138.

[79] 肖怀云. MC消费者持续使用行为演化分析. 西安电子科技大学学报 (社会科学版), 2011 (6): 49-54.

[80] [美] 西奥多·舒尔茨. 改造传统农业. 北京: 商务印书馆, 2006.

[81] 尤小文. 农户: 一个概念的探讨. 中国农村观察, 1999 (5): 19-22.

[82] 喻永红, 张巨勇. 农户采用水稻IPM技术的意愿及其影响因素——基于湖北省的调查数据. 中国农村经济, 2009 (11): 77-86.

[83] 杨传喜, 张俊飚, 徐卫涛. 农户技术需求的优先序及影响因素分析——以河南、山东等食用菌主产区种植户为例. 西北农林科技大学学报 (社会科学版), 2011 (1): 41-47.

[84] 杨小峰,徐博艺. 政府门户网站公众接受模型研究. 情报杂志,2009 (1):3-6.

[85] 周衍平,陈会英. 中国农户采用新技术内在需求机制的形成与培育——农业踏板原理及其应用. 农业经济问题,1998 (8):9-12.

[86] 赵其国,杨劲松,周华. 保障我国"耕地红线"及"粮食安全"十字战略方针. 土壤,2011,43 (5):681-687.

[87] 赵连阁,蔡书凯. 农户IPM技术采纳行为影响因素分析——基于安徽省芜湖市的实证. 农业经济问题,2012 (3):50-56.

[88] 赵旭强,穆月英,陈阜. 保护性耕作技术经济效益及其补贴政策的总体评价——来自山西省农户问卷调查的分析. 经济问题,2012 (2):74-77.

[89] 赵洪斌. 改革开放以来中国农业技术进步率演进的研究. 财经研究,2004 (12):91-100.

[90] 赵芝俊,张社海. 近20年中国农业技术进步率的变动趋势. 中国农村经济,2006 (3):4-12.

[91] 赵芝俊,袁开智. 中国农业技术进步贡献率测算及分解:1985~2008. 农业经济问题,2009 (3):28-36.

[92] Daniel C., Monchuk. 中国农业生产非效率的影响因素分析. 世界经济文汇,2009 (2):47-56.

[93] 赵贵玉,王军,张越杰. 基于参数和非参数方法的玉米生产效率研究——以吉林省为例. 农业经济问题,2009 (2):15-21.

[94] 展进涛,陈超. 劳动力转移对农户农业技术选择的影响——基于全国农户微观数据的分析. 中国农村经济,2009 (3):75-84.

[95] 张越杰,霍灵光,王军. 中国东北地区水稻生产效率的实证分析——以吉林省水稻生产为例. 中国农村经济,2007 (5):24-32.

[96] 张冬平,冯继红. 我国小麦生产效率的DEA分析. 农业技术经济,2005 (3):48-54.

[97] 曾先峰,李国平. 我国各地区的农业生产率与收敛:1980~2005. 数量经济技术经济研究,2008 (5):81-92.

[98] 朱希刚. 农业科技产业化研究. 湖南农业大学学报(社会科学版),2002 (2):1-7.

[99] 朱希刚,赵绪福. 贫困山区农业技术采用的决定因素分析. 农业技

术经济，1995（3）：14-16.

[100] 朱帆，余成群，曾嵘，许少云．西藏"一江两河"地区农户生产效率分析及改进方案——基于三阶段DEA模型和农户微观数据．经济地理，2011（7）：1178-1184.

[101] 朱多刚．政府网站用户持续使用行为研究．电子政务，2012（12）：114-121.

[102] 朱明芬，李南田．农户采用农业新技术的行为差异及对策研究．农业技术经济，2001（2）：26-29.

[103] 庄丽娟，贺梅．我国荔枝主产区农户技术服务需求意愿及影响因素分析．农业经济问题，2010（11）：61-66.

[104] 周锦，孙杭生．江苏省农户环境意识调查与分析．中国农村观察，2009（3）：47-52.

[105] 周建华，杨海余，贺正楚．资源节约型与环境友好型技术的农户采纳限定因素分析．中国农村观察，2012（2）：37-43.

[106] 周波，于冷．农业技术应用对农户收入的影响——以江西跟踪观察农户为例．中国农村经济，2011（1）：49-57.

[107] 周五七，聂鸣．低碳转型视角的中国工业全要素生产率增长——基于1998~2010年行业数据的实证分析．财经科学，2012（10）：73-84.

[108] 祝华军，田志宏．稻农采用低碳技术措施意愿分析——基于南方水稻产区的调查．农业技术经济，2013（3）：62-71.

[109] Anderson E., Fornell C. Lehmann D. Customer satisfaction, market share, and Profitability: findings from Sweden. The Journal of Marketing, 1994, (58): 53-66.

[110] Belderbos R., Carree M., Diederen B., Lokshin B., Veugelers R. Heterogeneity in R&D cooperation strategies. International Journal of Industrial Organization, 2004, 22 (8-9): 1237-1263.

[111] Bhattacherjee A. Understanding Information Systems Continuance: An Expectation-Confirmation Model. MIS Quarterly, 2001, 25 (3): 351-370.

[112] Binswanger H. P., Sillers D. A Risk Aversion and Credit Constraints in Farmers' Decision-Making: A Reinterpretation. Journal of Development Studies, 1983, (20): 5-21.

[113] Chung Y. H., Färe R., Grosskopf S. Productivity and Undesirable Outputs: A Directional Distance Function Approach. Journal of Environmental Management, 1997, 51 (3): 229 – 240.

[114] Chan S, Lu M. Understanding Internet Banking Adoption and Use Behavior: A Hong Kong Perspective. Journal of Global Information Management, 2004, 12 (3): 21 – 43.

[115] Chea S., Luo M. M. Cognition, emotion, satisfaction, and post-adoption behaviors of e-service customers. Proceedings of the 40th Annual Hawaii International Conference on System Sciences, 2007: 154b.

[116] Dehejia R. H., Wahba S., Propensity Score – Matching Methods for Nonexperimental Causal Studies, Review of Economics and Statistics, 2002, 84 (1): 151 – 161.

[117] Dr Dale Mackrell, Dr Don Kerr, Dr Liisa von Hellens. A qualitative case study of the adoption and use of an agricultural decision support system in the Australian cotton industry: the sociotechnical view. Decision Support Systems, 2009, (2): 34 – 35.

[118] Efron B., Tibshirani R. An introduction to the Bootstrap, London: UK: Champman & Hall. 1993.

[119] Erwin C. A., Ervin D. E. Factors Affecting the Use of Soil Conservation Practices: Hypothesis, Evidence, and Policy Implications, Land Economics, 1982, (58): 277 – 292.

[120] Eswaran H., Virmanni S. M., Apivey L. Sustainable agriculture in developing countries: constraints, challenges, and choices. Technologies for Sustainable Agriculture in the Tropics, 1993: 7 – 24.

[121] Feder G., Slade R. The Acquisition of Information and the Adoption of New Technology, American Journal of Agricultural Economics, 1984, (66): 312 – 320.

[122] Feder G. Farm Size, Risk Aversion and the Adoption of New Technology under Uncertainty, Oxford Economic Papers, 1980, (32): 263 – 283.

[123] Feder G., O'Mara, Gerald T. Farm Size and the Adoption of Green Revolution Technology. Economic Development and Cultural Change, 1981, (30):

59 – 76.

[124] Feder G. Adoption of Interrelated Agricultural Innovations: Complementarily and the Impact of Risk, Scale and Credit. American Journal of Agricultural Economies, 1982, 64 (1): 94 – 101.

[125] Fernandez – Cornejo J., Hendricks C., Mishra A. Technology Adoption and Off-farm Household Income: The Case of Herbicide – Tolerant Soybeans, Journal of Agricultural and Applied Economics, 2005, 37 (3): 549 – 563.

[126] Fan Sheng gen. Technological Change, Technical and Allocative Efficiency in Chinese Agriculture: the Case of Rice Production in Jiangsu. Environment and Production Technology Division. International Food Policy Research Institute, Eptd Discussion Paper, 1999, 39.

[127] Fried, Lovell, Schmidt, Yaisawarng. Accounting for Environmental Effects and Statistical Noise in Data Envelopment Analysis. Journal of Productivity Analysis, 2002, (17): 121 – 136.

[128] Foster A. D., Rosenzweig M. R. Learning by doing and learning from others: human capital and technical change in agriculture. J, Political Economy, 1995, 103 (6): 1176 – 1209.

[129] Franzel S. Socioeconomic factors affecting the adoption potential of improved tree fallows in Africa. Agroforestry Systems, 1999, 47 (1 –3): 305 – 321.

[130] Gefen D. TAM or Just Plain Habit: A Look at Experienced Online Shoppers. Journal of End User Computing, 2003, 15 (3): 1 – 13.

[131] Giller K. E., Witter E., Corbeels M. Conservation Agriculture and Smallholder Farming in Africa: The Heretics' View. Field Crops Research, 2009, 114 (1): 23 – 34.

[132] Gorman M., Mannion J., Kinsella J., Bogue P. Connecting Environmental Management and farm Household Livelihoods: The Rural Environment Protection Scheme in Ireland, Journal of Environmental Policy and Planning, 2001, 3 (2): 137 – 147.

[133] Griliches, Z. Research costs and social returns: Hybrid corn and related innovations, Journal of Political Economy, 1958, 66 (5): 419 – 431.

[134] Hayami, Yujiro. Induced Innovation, Green Revolution, and Income

Distribution: Comment Economic Development and Cultural Change, 1981, (30): 169 – 176.

[135] Hayami Y., Ruttan V. Agricultural Development: An International Perspective, Johns Hopkins University Press, Baltimore, MD, 1985.

[136] Huffman, W. E. Agricultural Household Models: Survey and Critique in Multiple Job Holding Among Farm Families. Iowa State University Press, IA, 1991.

[137] Hobbs P. R., Gupta R. K. Problems and Challenges of No-till Farming for the Rice-wheat Systems of the Indo – Gangetic Plains in South Asia. Sustainable Agriculture and the Rice – Wheat System. Columbus, Ohio, and New York, USA: Ohio State University and Marcel Dekker, Inc., 2004.

[138] Hsu M. H., Chen Y. L., Chiu C. M. Extending the Expectation – Confirmation Model for a World – Wide – Web Continuance. Communications of ICISA, 2003, 5 (2): 30 – 36.

[139] Hu P. J. H., Brown S. A., Thong J. Y. L. Determinants of service quality and continuance intention of online services: The case of eTax. Journal of the American Society for Information Science and Technology, 2009, 60 (2): 292 – 306.

[140] Karshenas M., Stoneman P. Rank, Stock, Order and Epidemic Effects in the Diffusion of New Process Technology. Rand Journal of Economics, 1993, 24 (4): 503 – 527.

[141] Munshi K. Social learning in a heterogeneous population: technology diffusion in the Indian Green Revolution. J, Development Economy, 2004, (73): 185 – 213.

[142] Negatu W., Parikh A. The impact of perception and other factors on the adoption of agricultural technology in the Moret and Jiru Woreda (district) of Ethiopia, Agricultural economy, 1999, (21): 205 – 216.

[143] Just, Richard E., Zilberman, David. Stochastic Structure, Farm Size, and Technology Adoption in Developing Agriculture, Oxford Economic Papers, 1983, (35): 307 – 328.

[144] Kassie M., Zikhali P., Manjur K., Edwards S. Adoption of Organic Farming Technologies: Evidence from Semi – Arid Regions of Ethiopia. Natural Re-

sources Forum, 2009, (33): 189-198.

[145] Khanna M. Sequential Adoption of Site – Specific Technologies and its Implications for Nitrogen Productivity: A Double Selectivity Model. American Journal of Agricultural Economics, 2001, 83 (1): 35-51.

[146] Kim T. K., Jayes D. J. Hallam A. Technology Adoption under Price Uncertainty, Journal of Development Economics, 1992, (38): 245-253.

[147] Kalirajan K. P, Obwona M. B, Zahao S. A Decomposition of Total Factor Productivity Growth: The Case of Chinese Agricultural Growth before and after Reforms. American Journal of Agricultural Economics, 1996, 78 (3): 331-338.

[148] Karahanna E., Straub D. W., Chervany N. L. Information Technology Adoption Across Time: A cross – Sectional Comparison of Pre – Adoption and Post – Adoption Beliefs. MIS Quarterly, 1999, 23 (2): 183-213.

[149] Kim S. S., Son J. Y. Out of Dedication or Constraint? A Dual Model of Post – Adoption Phenomena and its Empirical Test in the Context of Online Services. MIS Quarterly, 2009, 33 (1): 49-70.

[150] Kumar V., Mukerji B., Butt I. Factors for successful e-government adoption: a conceptual framework. The Electronic Journal of e – Government, 2007, 5 (1): 63-76.

[151] Kumar S. Environmentally Sensitive Productivity Growth: A Global Analysis Using Malmquist – Luenberger Index. Ecological Economics, 2006, (56): 280-293.

[152] Lee I., Choi B., Kim J., Hong S. Culture – Technology Fit: Effects of Cultural characteristics on the Post – Adoption Beliefs of Mobile Internet Users. International Journal of Electronic Commerce, 2007, 11 (4): 11-51.

[153] Lee D. R. Agricultural sustainability and technology adoption: issues and policies for developing countries. American Journal of agricultural Economics, 2005, 87 (5): 1325-1334.

[154] Lindner, Robert K., Fischer A. J., Pardey P. The Time to Adoption, Economic Letters, 1979, (2): 187-190.

[155] Lin C. S., Wu S., Tsai R. J. Integrating perceived playfulness into expectation-confirmation model for web portal context. Information & Management,

2005, 42 (5): 683-693.

[156] Limayem M., Cheung C. M. Understanding information systems continuance: The case of Internet-based leaning technologies. Information & Management, 2008, 45 (4): 227-232.

[157] Mann C. K. Packages of Practices: A Step at a Time with Clusters. Middle East Technical Institute: Studies in Development, 1978, (21): 73-82.

[158] McNamara K. T, Wetzstein M. E., Deuce G. K. Factors affecting peanut producer adoption of integrated pest management. Review of Agricultural Economics, 1991, 13 (1): 129-139.

[159] Moyo S., Veeman M. Analysis of Joint and Endogenous Technology Choice for Protein Supplementation by Smallholder Dairy Farmers in Zimbabwe. Agroforestry Systems, 2004, 60 (3): 199-209.

[160] Namatié Traoré, Réjean Landry, Nabil A. On-Farm Adoption of Conservation Practices: The Role of Farm and Farmer Characteristics, Perceptions, and Health Hazards. Land Economics, 1998. 74 (1): 114-127.

[161] Naidoo R., Leonard A. Perceived usefulness, service quality and loyalty incentives: Effects on electronic service continuance. S. Afr. J. Bus. Manage, 2007, 38 (3): 39-48.

[162] Oh D. H. A Global Malmquist-Luenberger Productivity Index. Journal of Productivity Analysis, 2010 (3): 183-197.

[163] Olaizola A. M., Chertouh T., Manrique E. Adoption of a new feeding technology in Mediterranean sheep farming systems: Implications and economic evaluation. Small Ruminant Research, 2008 (79): 137-145.

[164] Parthasarathy M., Bhattacherjee A. Understanding Post-Adoption Behavior in the Context of Online Services. Information Systems Research, 1998, 9 (4): 362-379.

[165] Patterson P. G., Johnson L. W., Spreng R. A. Modeling the determinants of customer satisfaction for business-to-business Professional services. Journal of the Academy of Marketing Science, 1997, 25 (1): 4-17.

[166] Rauniyar G. P., Goode F. M. Technology Adoption on Small Farms.

World Development, 1992, 20 (2): 275-282.

[167] Rosenbaum P., Rubin D. The Central Role of the Propensity Score in Observational Studies for Causal Effects, Biometrika, 1983, 70 (1): 41-55.

[168] Rogers. Diffusion of Innovations. New York: Free Press of Glencoe, 1962.

[169] Sabrina S. S., Matthew F., LEE K. O. Explaining IT - Based Knowledge Sharing Behavior with is Continuance Model and Social Factors. The Tenth Pacific Asia Conference on Information Systems, 2006: 255-270.

[170] Shiferaw B., Holden S. T. Resource degradation and adoption of land conservation technologies in the Ethiopian Highlands: a case study in Andi Tid, North Shewa, Agricultural Economy, 1998, (18): 233-247.

[171] Spence W. Innovation: The Communication of Change in Ideas, Practices and Products. London: Chapman & Hall, 1994.

[172] SHIH H. Continued use of a Chinese online portal: an empirical study. Behavior & Information Technology, 2008, 27 (3): 201-209.

[173] Stoneman P., David P. A. Adoption Subsidies Vs Information Provision as Instruments of Technology Policy, the Economic Journal (Supplement), 1986, (96): 142-150.

[174] Teo T. S., Srivastava H., Jiang S. C. Trust and electronic government success: an empirical study. Journal of Management Information Systems, 2008, 25 (3): 99-132.

[175] Van Riel A C R, Liljander V., Jurriens P. Exploring consumer evaluations of e-services: a portal site, International Journal of Service Industry Management, 2001, 12 (4): 359-377.

[176] Wangpipatwong S., Chutimaskul W., Papasratorn B. Understanding citizen's continuance intention to use e-government website: a composite view of technology acceptance model and computer self-efficacy. The Electronic Journal of e-Government, 2008, 6 (1): 55-64.

[177] Wollni M., Lee D. R., Thies J. E. Conservation agriculture, organic marketing, and collective action in the Honduran hillsides. Agri. Econ, 2010, (41): 373-384.

[178] Yu L., Hurley J., Kliebenstein, Orazen P. A test for complementarities among multiple technologies that avoids the curse of dimensionality. Economics Letters, 2012, 116 (3): 354 – 357.

[179] Yesuf M., Köhlin G. Market Imperfections and Farm Technology Adoption Decisions: A Case Study from the Highlands of Ethiopia. Working Papers in Economics, 2009.